珈琲の表現

蕪木祐介

雷鳥社

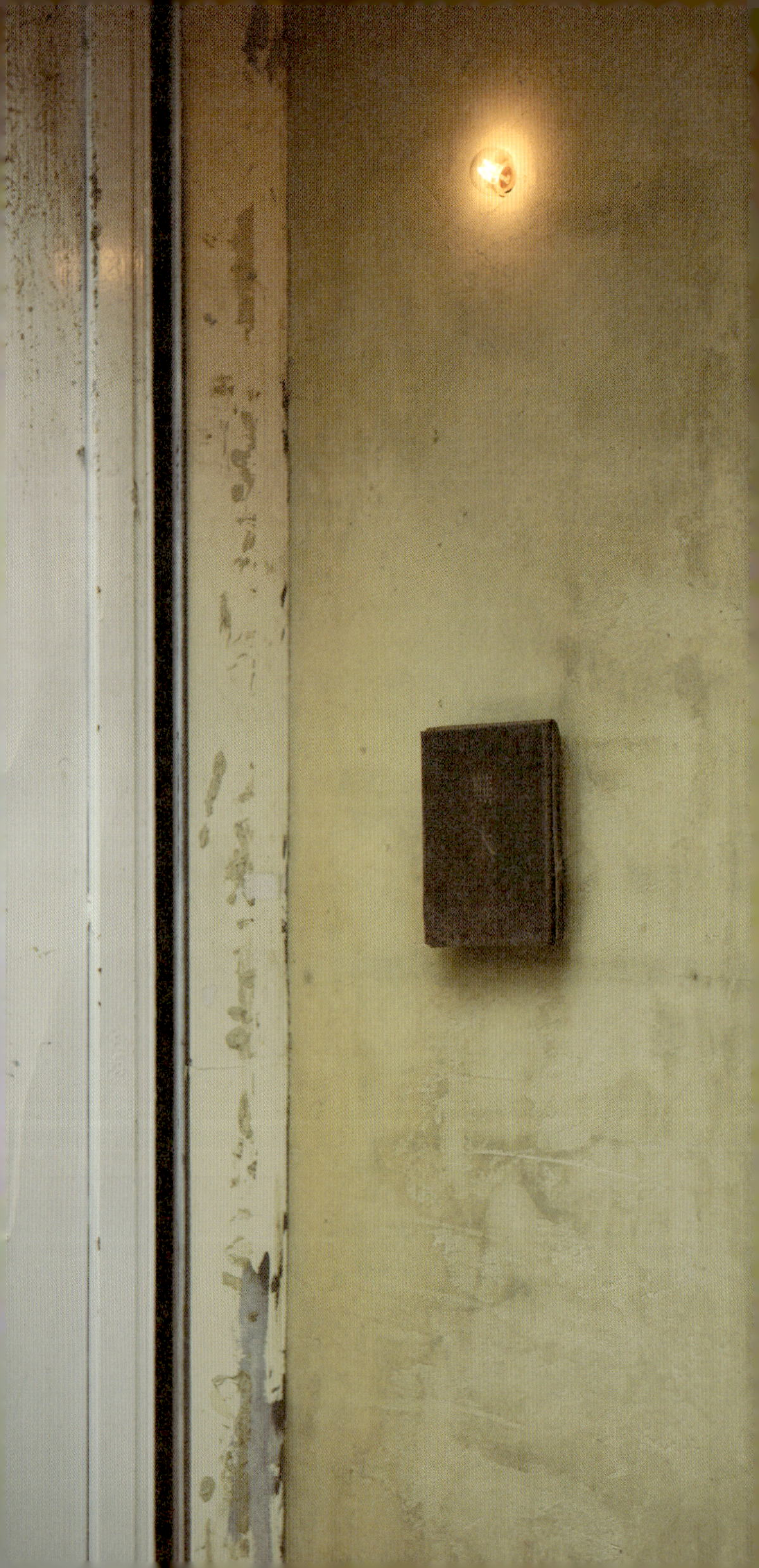

珈琲は、生きていく上でかならずしも必要なものというわけではありません。しかし、人間らしく、豊かに生きるためにはとても大切な嗜好品だと思います。

感情というよりも、理性に働くもの。思考を深め、人と語らう時には心を通わせ、穏やかな気持ちを作り出すのが珈琲です。さらに魅力的なのは、暗い感情にも寄り添ってくれるその気質でしょう。溜息をつく時間であったり、感情を咀嚼して想いに耽る時間であったり、珈琲は弱り、乱れた心を鎮める時間をより一層深いものとしてくれます。

極端にいってしまうと、珈琲屋として自分達が作っているのは「弱者への嗜好品」とさえ思っています。強い人でも弱る時は必ずあります。走っていれば疲れるし、気持ちが荒むことも、孤独感や虚無感を感じる時もあるでしょう。そんな時は足を止めて、丁寧に珈琲を淹れ、味わっていただきたい。どんな時も冷静さと落ち着きをもたらせてくれます。珈琲を暮らしに取り入れることで、感情の起伏がなだらかになり、穏やかな心を保ちやすくなるのではないでしょうか。

心安らかにし、思考を深めるその効果は、覚醒作用を持つカフェインによるところもあるでしょう。しかし、そこに含まれる心地良い苦味と酸味、そして豊かな芳香こそ、それ以上に大切だということは、改めて伝えるには及びません。美しく芳醇な液体に陶酔することこそ意義深いものです。

珈琲を嗜む上で奥深いのが、同じ原料を使っても、湯の差し方、時間の計り方の違いで出来上がる形が一つではなく、無数にあるということ。珈琲の風味は変化に富むものであり、淹れ方で多様にその表情を変えるのです。

「どのように淹れれば美味しくなるのでしょうか」と、お客様に聞かれることが度々あります。淹れ方の基本はお伝えしますし、我々の表現している味を気に入っていただき、さらに再現したいと思っていただくのは嬉しいことです。しかしそれ以上に、家ではより「あなたらしい」珈琲を淹れていただきたい、と思っています。

味に正解はありません。何グラムを何度の湯で何cc抽出する、それに従うだけでは、それはその人の珈琲ではなく、誰かの珈琲となり、とても味気なく、つまらないものになってしまいます。もっと珈琲は懐が深いはず。では、どうすれば自分好みの味を作れるのか。

店での会話は限られているので、これまで深くはお話ができずにもどかしさを感じておりましたが、書籍という形でその機会をいただき、この度筆を執った次第です。

自然の産物である珈琲豆を原料にして、「挽く」「淹れる」という手作業を加えている以上、珈琲にはその人の性格、美意識やセンスといった芸術性が自然と入りこむものです。必然的に各人の味の土台がそこで出来上がるでしょう。ただ、その上でちょっとした理論と概括的な知識を心得ておくことで、珈琲の表現の幅はぐっと広がり、意図した味へと近づいていきます。新しい味覚の発見があるかもしれません。誰かのレシピの再現にとどまらず、人生を通して各々の味をゆっくり構築していくことはとても奥ゆかしいものかと思います。

かといって珈琲は、難しい顔をして仰々しく淹れたり飲んだりするものではありません。淹れるたびに濃くなったり淡くなったり、苦くなったり酸味がたったりするでしょうし、同じように淹れたつもりでも、その時のちょっとした心情の違いで、味も変わってしまうかもしれませんが、その変化も是非愉しんでいただきたい。そうやって、淹れる珈琲を少しずつ自分好みに染めていくことで、小さな喜びや安堵感を感じていけるのではないでしょうか。さらに表現を深めて、「気持ちの良い朝だから、明るく、澄んだ珈琲を」、「取り散らかった感情を鎮めるための深い一杯を」など、気分や時間に合わせて珈琲を淹れられるようになれば、それは素敵なことです。

自分で煮炊きすると外で食べる料理の美味しさがよりわかるように、珈琲も自分で工夫して淹れていると、珈琲屋で表現された渾身の一杯をより深く味わえることもできるでしょう。また、家で相手を想って丁寧に淹れられた珈琲ほど美味しいものはありません。相手に合わせて味を表現することができるようになれば、大切な誰かへの珈琲も、よりいっそう愛おしい一杯になるはずです。

本書は、珈琲に造詣が深い方に向けた本ではありません。丁寧に珈琲を淹れたいと思う人に、その時間をより愛しい時間にできるよう、味作りの何か手がかりを示せればと、書かせていただきました。若輩な身でありながら珈琲を語る失礼、どうかご容赦ください。また、説明に当たっては少し堅苦しい理論の話も含みますが、どうぞお付き合い下さい。

珈琲の美味しさを知り、豆選びから、淹れ方による風味の表現の幅を広げることは、人生を少し豊かにするといっても大袈裟ではないと思います。美味しさを他に委ねず、自分なりの小さな工夫を重ねて良いものをさらに良いものとし、流行り廃りに流されない自身の流儀を深めていただきたい。この本が少しでもそのきっかけとなれば、それは嬉しいことです。

もくじ

一章

珈琲を淹れる

珈琲が他の嗜好品と異なるのは、「抽出」という調理を行わなければならないこと。ボトリングされたワインは開栓すれば、注いで愉しむことができますが、珈琲はといえば、好きな豆を手に入れても、最後の美味しさは自身の手に委ねられます。美味しい珈琲を家庭で愉しむために、まずその淹れ方、扱い方を知ることが肝要です。

道具

珈琲を淹れる作業は、含まれている香りや味の成分を
湯に溶かすことに過ぎませんが、
美味な珈琲を愉しむために、使う道具は大切です。
揃えていただきたいものと、その用途をご紹介します。
ただし、どんなに不便で使いにくくとも、
何より愛着のある道具を使っていただきたい。
淹れ方の理屈を心得ることで、
自然と道具も馴染んでいくでしょう。

保存缶

珈琲は煎りたて、挽きたて、淹れたてに限ります。それは新鮮なものを飲むということ。焙煎した珈琲豆は、適切に保管すれば三、四週間程度は美味しく飲めるでしょう。しかし、あまり長く保存することはおすすめしません。馴染みの珈琲屋で、一度にたくさん買わずに数週間で飲みきる量を適宜買っていただくのが良いでしょう。

珈琲豆が嫌うのは空気、光、そして温度。それらを避けるために、涼しいところで遮光密封保管をしてください。便利なのが茶筒です。ガラス瓶も良いけれど、光を通さない茶筒は珈琲豆の保管にも理にかなった道具です。ブリキや銅、真鍮の茶筒は毎日開けて手を触れていくごとに味わい深くなるもの。京都の「開化堂」や東京の「SyuRo」

の茶筒は重宝しています。
短期間で飲みきる量なら冷蔵庫や冷凍庫に入れる必要はありません。冷蔵庫では、庫内の香りを吸ってしまいやすく、淹れる際も湯の温度が下がり、成分が溶けにくくなってしまいます。焙煎してから少しずつ風味も変化していきますが、その香りの移ろいも珈琲の味わい深さの一つです。

珈琲ミル

美味な珈琲を味わうために必要不可欠な道具です。焙煎して日が浅い新鮮な豆を、飲む前に適宜挽いて淹れるのが美味しさの基本。挽いてしまうと、空気と触れる表面積がぐんと増え、あっという間に風味が落ちてしまいますので、粉の状態での保管はおすすめしません。淹れる直前に豆を挽くことは、美味しい珈琲を愉しむために大切な作業です。せっかく手間暇かけて作られた珈琲豆。最大限にその魅力を享受するために、一家に一つは珈琲ミルを持ちましょう。

手回しのミルで挽くのは少し面倒ですが、ガリガリと豆が砕ける感触を手に感じながらたち上る芳しい香りに包まれるのは、心地良いひとときです。この愉しみを感じていられる心のゆとりは持っていたいなと思います。とはいえ、珈琲を飲む量が多い人、毎回ぐるぐる挽いていられないという人にはやはり電動ミルがおすすめ。私が家で長く使っているのはフジローヤルの「みるっこ」。値は張りますが、一生使えますし、珈琲好きには便利で心強い道具です。

ドリップポット

　好きな映画監督が薬缶で珈琲を荒々しく淹れているのを見て、憧れたことがありました。珈琲は急須でも片口でも淹れることはできます。でも、やはり専用のドリップポットは注ぎやすく、とても便利です。大切なのは、思い通りの太さで、思い通りの場所に湯を注ぐこと。ドリップポットを使えば、使い慣れてくるうちに自分の意思通りに注湯ができるようになり、珈琲を淹れることがより愉しくなるでしょう。

　注ぐ湯の温度は味に大きく影響しますが、薬缶で沸騰させた湯をドリップポットに移すことで、ちょうど良い具合に湯冷ましできます。

　私が長く使っているのは「ユキワ」のドリップポット。二十年近いつき合いです。取手は熱くならず、なにより細くも太くも自在に湯を注ぐことができる優れもの。さらに自分に合う淹れ方ができるよう、注ぎ口を金槌で叩いて細くしたものを使用しています。

ネルフィルター

　どんな珈琲が好きかと聞かれたら、「滋味深い珈琲」と答えるでしょう。その味わいを表現しやすいのが、ネルドリップだと思います。ネルとはフランネルまたはリンネルの略で、片面に起毛のあるやわらかな布のこと。ネルフィルターを使うことで、珈琲豆に含まれるオイル成分が多く抽出され、少しとろりとした滑らかな舌触りと豊かな芳香を愉しめます。片手でネルドリッパーを持ち、もう一方の手で湯を注ぐ。粉にゆっくり染み入りながら、重みを増していく感覚が直に手に伝わるのも魅力の一つです。職人が使う難しいものと思われがちですが、そんなことはありません。淹れ方で味が変わりやすく、「その人らしい味わい」が現れやすい道具です。手軽に扱える上、すっきりとクリアな味わいとなるペーパードリップと比べると、両手を使って淹れるネルドリップは様々な「重み」を感じることができる淹れ方でしょう。

　私にとって珈琲は心を静める嗜好品。ネルで淹れた艶やかな珈琲はそんな時間に良く似合います。また、一回ごとに捨ててしまう紙のフィルターと異なり、ネルは使いこんでいくにつれ、色合いも深くなっていくもの。使い終わったネルをはがして乾燥させると、味のある表情をした布切れとなり、ついついためてしまいます。

一章　珈琲を淹れる

カップ

　珈琲に限らず、美味しいものは少量をじっくり愉しみたい。たくさん入るマグカップも良いけれど、ソーサーつきの小ぶりなカップで味わうのが好きです。

　カップの形、色合いは思いのほか、味覚に与える影響は大きく、ないがしろにはできません。私が好んで使うのは飲み口が細く、白いもの。店で愛用しているのは「大倉陶園」の白磁のカップです。指をさしこまずにつまむようにして持つことで、ちょっとした緊張感が生まれ、自然と背筋が伸びるでしょう。店でお客様がそのカップで珈琲を飲む姿は傍から見てもとても美しく、ソーサーにカップを戻す時に品のある音を奏でます。

　家では陶器のカップを使うことが多いです。均一で隙がない磁器

と比べ、やわらかい印象を持った陶器のカップ。飲む珈琲も、穏やかで優しくなります。

風味に応じてカップを変えるのも良いのではないでしょうか。私はどっしりとした苦味のある珈琲には広口の浅いカップを使います。舌先の下にすとんと液体が落ち、ゆっくりと甘苦い味を口の中に広げられます。軽やかな珈琲、フルーティな珈琲は飲み口が細く少し深めのカップで、さらりと口の中全体に広げる印象に。味や、添える菓子に合わせて選ぶのも愉しいでしょう。魯山人は「器は料理の着物」といっていますが、せっかく丁寧に淹れた珈琲ですから、その器選びも大切にしたいものです。

淹れ方

ネルドリップやペーパードリップのような、
いわゆるハンドドリップと呼ばれる抽出方法は、
身近なものですが、決して簡単ではなく、
安定して淹れることが難しい方法です。
しかし、使いこなせるようになれば
味の表現幅の広い淹れ方ともいえるでしょう。
抽出の理屈を少し考え、
淹れている時に起こっていることを想像できると、
自分好みの味に近づけられるようになります。

一章　珈琲を淹れる

淹れ方の手順

基本のレシピ　〔 〕内は二人分

粉量――20g〔30g〕
抽出量――120cc〔240cc〕
挽き方――中挽き
抽出時間目安――2分〔3分〕
湯温――90～95℃

※少し濃いめの深煎り向きのレシピです。浅煎り～中深煎りの粉量は10～15g〔20～25g〕がおすすめ

使い終わったネルは水を張ったバットに浸して冷蔵保存

ネルドリッパーの取り扱い

「ネルドリップ」と聞くと、いかにもハードルが高そうに聞こえるかもしれませんが、ペーパードリップと比べても淹れる難しさにはほとんど変わりはありません。その敷居の高さは、管理の面倒さからきているものでしょう。珈琲抽出の歴史をさかのぼると、もともとネルで抽出されていた中、より手軽に淹れることができるようにと考案されたのがペーパードリップ。しかし、その効率化で失われる風味もあるのです。

ネルドリッパーは何度も洗って使いまわすことができます。ただし、布地に微粉が入ってしまい、それが空気と触れると酸化して香りが悪くなることがあるので、注意が必要です。使い終わった後は軽く水洗いし、水を張ったバットなどに沈めて冷蔵庫で保管します。これで空気と触れることを避け、酸化を防げるのです。また、たまに煮沸して、古い微粉を取り除くと良いでしょう。長期間使わない時は冷凍して保管することもできます。抽出時に湯が落ちる速さが遅くなってきたな、と思った頃が替え時です。百回くらいは十分に使えます。

ペーパードリップで抽出する際も要領は同じです。準備2からの手順を参考にしてください。

準備 1

ネルフィルターを水洗いし、軽く絞った後、乾いたタオルにネルをはさみ、ぐっと抑えて水分をぬぐっておく。起毛面を外側にしてネルをしっかり広げる。軟水で淹れると珈琲の特徴が出やすい。日本の水道水はほとんどが軟水なのであまり硬度を気にする必要はないが、沸騰させてカルキ臭を軽減させ、できれば浄水器を通した水を使うと良い。

準備 2

珈琲豆は直前に挽いたものをフィルターに入れ、湯が均一に行き渡りやすくなるよう、軽く揺すって粉の表面を平らにならしておく。薬缶で沸騰させた湯をドリップポットに移して粗熱を取り、ちょうど良い湯加減にする。湯はドリップポットの七割くらい入れると注ぎやすくなる。カップやサーバーにも湯を注ぎ、温めておく。

一　蒸らし

まずは粉と湯をなじませて「蒸らし」を行う。湯を全体に、中心部から外側に渦巻くように、細くゆっくり、万遍なく表面に落とし、染み渡らせる。ただし、一番外側の外縁部には注がないこと。この段階では下から滴が少し落ちる程度が理想的。落ちる量が多くとも気にしない。粉全体に湯を含ませることが肝要。湯が粉に染み入り、珈琲豆に含まれるガスが放出されて粉が膨張し、ふっくらドーム状に。

二　抽出序盤

三十秒ほど蒸らして粉が膨れきったら、しばらくは中心部にゆっくり細く湯を垂らす。ネルからはぽたぽたと滴状の濃厚なエキスが落ち、広がっていく。珈琲のコク、甘味、香りを含んだこの赤黒いエキス分をゆっくり抽出してあげることこそが美味しい珈琲を淹れる肝。この抽出液が滴状から一本の流れになるまで、静かに、できるだけ細く湯を注ぎ続ける。全体の抽出を通して、湯は静かにのせるように、低い位置から注ぐことが大切。

三 抽出中盤

濃厚なエキスの抽出が終わり、線状に抽出液が流れ落ちるようになったら、差す湯を気持ち太くして、少し多めに注ぎ始める。中心部から外側に向かい、また中心部へ戻るように、渦を巻きながら湯をのせていく。この時、あまり外側まで注がないよう注意する。勿体ないと思って縁まで湯をかけたくなるのはわかるが、自然とできた珈琲の濾過層を壊してしまうので、逆に抽出効率が悪くなってしまう。

四 抽出終盤

抽出液の色は時間とともにどんどん薄くなっていき、終盤になると淡い色に。これは風味がほとんど残っていない液体であり、こうなってしまえば、あとは落とせば落とすほど味は薄まっていくばかり。つまり、ここから先は好みの濃度まで薄めていく工程であり、適量まで液が落ちたら、まだ流れ落ちていても、ドリッパーをはずして抽出を終わらせる。表面に浮かんでいる泡はエグ味を含むため、落としきらないよう注意。

淹れ方のこつ

前頁の手順通りに淹れれば、良い珈琲ができるはずです。さらに次に述べるこつ、理屈を心得ておくことで、味作りがより想像しやすくなるでしょう。

蒸らしをしっかりと

湯を粉になじませて時間をかけて蒸らすことで、珈琲の粉はふっくらと膨らみ、予熱され、成分が滲み出て、その後湯を注いだ時に溶け出しやすくなります。また、粉と粉の間の隅々に湯の通り道ができることで、その後の抽出効率が良くなります。蒸らしをせずに注ぎ続けてしまうと、最初に湯が通り落ちた道に流れやすくなり、抽出ムラが起こってしまうことに。

蒸らしの時に膨らみが弱い場合は次の原因が考えられます。まずはそもそも使っている珈琲豆の鮮度が悪いこと。焙煎時に炭酸ガスが発生し、それが湯と馴染むことで膨らみます。このガスは時間が経つと抜けていってしまうため、新鮮でない珈琲豆は膨らみが弱くなるのです。あとは、湯温が低い時や、極端に粗い粒、ガスを含む量の少ない浅煎りの豆を使うと、膨らみが弱くなることもあります。

淹れた後は珈琲の濾過層ができている

［一］コーヒーの抽出器具でも、サイフォンやコーヒープレスなどの器具は浸漬式抽出法

濾過層を崩さないように

ドリップ抽出は、紅茶のように、茶葉に注いだ湯に成分を溶けこませ、最後に濾して抽出する方法（浸漬式）［一］とは少し異なります。フィルターの中で珈琲の粉と湯が全体的に混ざり合っているだけではなく、自然とできた珈琲の粉の厚い層を湯が通り抜ける中で、成分が抽出されていきます（透過式）。上手く淹れた後のドリッパーを見れば、中心部がくぼみ、その濾過層ができていることが良くわかるでしょう（写真上）。綺麗な抽出をするためには、中心部に静かに湯をのせていくイメージで淹れてください。透過式抽出の特徴は、序盤に濃縮されたエキスが落ちてきて、後半になるにつれて、その濃度が薄くなっていくこと。これにより濃厚な、美味しいところだけを集めることができるのです。

高いところから勢いよく太く注いだり、ドリッパーの縁まで湯を注いだりすることはこの濾過層を壊すことにつながり、また、濾過層を通らず、成分の溶けこみが少ない液が落ちてきてしまうため、効率の悪い抽出となってしまいます。

蒸らした後、湯を注ぐ量にも注意が必要です。湯を多く注ぎすぎると、濾過層も薄くなってしまうため、透過式抽出というよりも、浸漬式抽出の色が濃くなり、その良さが発揮されません。細かい泡が盛りあがってきた後は、その状態を保ち、あまり液面の浮き沈みがないように、一定の速さで注ぐのが目安です。

泡を落としきらないように

湯を差していくと、泡が表面に浮かんでくるのがわかります。きめ細かくふわふわとして綺麗なその泡は一見美味しそうですが、口に含むととても苦渋く、美味しいものではありません。抽出中は泡が落ちないように注意して、液面がへこみきらないように湯を注いでいくと良いでしょう。

ドリップポットに湯を多めに入れておく

抽出する量が少ないからといって、ドリップポットの湯量を少なくすると、注ぎにくくなってしまいます。例え少量でも、七分目程度まで湯を入れてあげたほうが、細くも太くも思った位置に湯を差しやすくなります。

ペーパードリップについて

ドリッパーにも色々と種類があります。おすすめは「ハリオ」や「コーノ」のものです。穴が大きく開いているので、湯だまりしにくく、ネルドリップのように太く注げば比較的太く、細く注げば比較的細く抽出液が出てくるので、味の調整を自分で行うことができます。「その人の味」を作りやすい器具でしょう。漂白した紙と未晒しの茶色い紙がありますが、未晒しだと紙の風味が抽出されて、少し曇った味となってしまうことがあります。抽出前にはフィルターを洗うように湯通ししてから、粉を入れると良いでしょう。

珈琲濾過層の模式図

風味の調整

良い材料を使って抽出を行えば、美味しい珈琲を淹れることができます。さらに好みの味わいに近づけるために、淹れ方についてもう一歩深掘りしたいと思います。

珈琲の風味を決定づけるのは、まず一番にどんな珈琲豆を使うかです。栽培された国や加工法によって、香りの質が大きく異なり、焙煎で酸味、苦み、香りなどのバランスが決まります。抽出とはそれらの成分を液体に溶かしこむことに過ぎません。まずは好きな豆を知り、選ぶことが美味しい珈琲への近道です（詳細は次章）。

いくら淹れ方を工夫したところで、もともと豆が持っている香りや成分以外のものを新たに作り出すことはできません。酸味の多い豆で苦味のしっかりした珈琲を淹れることはできないですし、逆も然り。ただし、淹れ方がどうでも良いかといえばそうではありません。豆が持っている風味を液体に上手く引き出す必要がありますし、実際、淹れ方によって大きく味は変わります。特にドリップ抽出は、手軽で広く普及していますが、思った味にならなかったり、毎回味が全く違ってしまったりと、慣れないと難しい淹れ方です。この味のばらつきは、大雑把にいってしまえば「酸味と苦味のバランス」と「濃度」によるもので、この二点を意識するだけで、美味しいと思える味に近づくことでしょう。

淹れ方に正解はありません。珈琲屋によってレシピが異なるのも、それぞれが求める風味の理想像が異なるからこそ。家で珈琲を淹れる時は、肩肘張らずに愉しんでいただきたいと思います。こつを頭の片隅に入れて、昨日より少し、淹れた珈琲が美味しいなと思っていただければ、それはとても嬉しいことです。

酸味と苦味のバランス

珈琲の風味を、大きく「香り」「苦味」「酸味」に分けて考えましょう。特に淹れ方で大きく変わってしまうのが、「苦味」と「酸味」。抽出時に知っておいてほしいのが、苦味は湯に溶け出しにくく、酸味は湯に溶け出しやすい、ということ。どんな淹れ方をしても酸味を溶かし出さないということはできません。溶けこみにくい苦味をどのような塩梅で抽出液に溶かし出すかによって、酸味と苦味のバランスが変わり、完成した珈琲の風味が異なるのです。具体的には、苦味が少ない珈琲は、酸味が感じられやすく、全体的に軽やかで輪郭のしっかりとした上品な味わいとなります。それに対して苦味を多く抽出した珈琲は、酸味の印象が隠れていきます。さらに溶け出す成分の総量も増えるため、全体的な質感もやや重めに仕上がり、コクが強めの飲みごたえのある珈琲となるのです。

珈琲を淹れてみて、もう少し、苦味やコクを強くしたいと感じる場合、溶けにくい苦味をいかに出すかが次の課題となります。逆に、もっと軽い味わいにしたいと思ったら、苦味をいかに出さないで淹れるかを考える必要があるでしょう。では、どのようにその苦味の溶け出し方を調節するか。その手段となるのが、「時間」、「温度」、そして「粉の粒度」です。

時間

ドリップ抽出は珈琲の粉で濾過層を作り、そこに湯を通過させて成分を溶かし出す抽出方法です。珈琲が湯と接している時間が長ければ長いほど溶けにくい成分もしっかりと溶け出されることとなります。苦味が足りない、コクが弱い、と感じる時は、注ぐ湯を細くして、時間をかけてゆるやかに抽出してみましょう。逆に、もう少しさらりとした珈琲を望む場合は、「蒸らし」の時間はしっかり取った後、少し太めに湯を注いで、時間を短めにさくっと淹れてみると良いでしょう。

温度

湯の温度は成分の溶けやすさに大きく影響します。高めの湯温にしてあげれば、溶けにくい苦味も溶け出しやすくなり、苦味とコクがしっかりとした珈琲となります。逆に少し湯を落ち着かせ、低い温度で抽出すれば、成分は溶け出しにくくなるため、苦味の溶出量は少なくなり、クリアで酸味の鮮やかな珈琲になります。ただし、苦味を出そうと温度を高くしすぎるとエグ味まで溶け出てしまうので注意が必要です。沸騰した湯をそのまま使うのは避け、ドリップポットなどに移して少しだけ湯冷まして使ったほうが良いでしょう。移すだけでも三～五度程度湯温が下がります。

粒度

粉の粒度も成分の溶け出しやすさに大きく関わっています。細かくすればするほど、表面積（湯と接する珈琲豆の面積）が増えて、成分の溶出効率は高まるため、苦味が溶けやすくなります。逆に粗めに挽くと溶出効率は悪くなり、苦味は出にくく、さっぱりとした珈琲に仕上がります。

ドリップ抽出であればグラニュー糖より少し大きいくらいの粒度がおすすめです。もし温度や時間を調整しても味が軽すぎるようなら、粗めなのかもしれません。少し細かめに調整すると良いでしょう。

抽出による味の表現は、珈琲豆の持つ成分のうち、どんな成分を溶かし出し、どんな成分を溶かし出さずに残すかがとても大切です。ここでは苦味をいかに溶かし出すか、もしくは控えめにするかということで風味を調整する三つの要素をお伝えしましたが、実際はそれぞれが複雑に関わり合って最終的な風味が出来上がります。味を調整するための選択肢は多く、そこが難しいところですが、かならずしもすべてを変える必要はありません。例えば、手回しのミルを使っている方であれば、いちいち豆に合わせて粒度を変えるのは手間です。基本の粒度で統一してしまい、抽出時間や湯の温度を変えれば良いでしょう。一番変化をつけやすいのが淹れる時間です。蒸らしをしっかり取った後、細く注いだり、太く注いだりして、風味に違いを出すことができるようになると淹れる愉しさが増していきます。それでも理想の風味に遠い場合は、温度を変えてみましょう。味にパンチが足りなければ温度が高めの湯を使う、もしくは、やわらかい飲み口にしたかったら少し湯が冷めるのを待ってから淹れるなど、味わいに変化をつけることができます。

コク・苦みのきいたしっかりした印象の味わいを出したい
- 細くゆっくり時間をかけて抽出
- 比較的高めの温度（九十〜九十五℃）での注湯
- 少し細かめに挽いて淹れる

やり過ぎてしまうと……
過抽出で、好ましくないエグ味まで抽出され、濁った味わいに

凛として気品のある飲み口の軽めの味わいを出したい
- 少し太めに湯を注ぎ、時間をかけずに抽出
- 比較的低めの温度（八十〜八十五℃）での注湯
- 粗めに挽いた粉を使用

やり過ぎてしまうと……
抽出不足で、薄く、飲みごたえのない珈琲に

濃度

ご来店いただくお客様の話を聞いていると、「濃さ」と「苦さ」を混同されている方が多くいらっしゃいます。「苦い＝濃い」というわけではありません。軽くて苦い珈琲もあれば、やわらかな苦味で濃縮感のある珈琲を作ることもできます。前項で、苦味成分を多く溶け出させることで、苦味とコクが増すとお伝えしましたが、根本的な濃度感・力強さを変えるためには、抽出液の濃度を大きく変えなければいけません。例えば、濃縮感のあるコク・苦みがほしいという時は、いくら注湯の速さや湯温を変えても限界があります。もしくは、もっとさっぱりした珈琲が飲みたいという時は、濃度を薄くするほうが手っ取り早い。大きく濃度を変えるためには、単純に豆を使う量を変えるか、抽出量を変える必要があります。

苦味の強い珈琲豆（深い焙煎の珈琲豆）ほど、濃度を濃く抽出するのがおすすめです。焙煎が深くなることで、独特のスモーキーな香りを纏っていきますが、濃度を薄くあっさり淹れてしまうと、浮ついていがいがと不快な香りとなってしまいます。濃度をしっかりつけてあげることで、濃縮感のあるコクが生まれ、焙煎によるカラメルのような甘い香りが引きたち、まとまりのある味わいとなるでしょう。逆に酸味を多く含む珈琲豆（浅めの焙煎の珈琲豆）は濃度を濃くしてしまうと酸味がきつく、舌にギュッとした刺激を感じてしまうため、酸味がほど良く綺麗に感じる、淡くさらりとした珈琲として愉しむのがおすすめです。

豆の量

単純なことですが、使う豆の量を多くすることで、溶出する成分量も多くなり、抽出液は濃くなります。お伝えした一杯二十グラムのレシピ（36頁）は、比較的濃さの出る豆の量です。さらに重厚な味わいがお好きな方は、より多くの豆を使うと良いでしょう。五グラム増やして二十五グラムにするだけでも濃縮感が増し、こってりとした濃厚な珈琲を淹れることができます。逆に前述のレシピで濃すぎると感じる時、もしくは浅煎りの酸味の強い珈琲を使う時などは、五グラム程度減らして淹れることで、繊細な香りと上品な酸味を愉しみやすくなるでしょう。

抽出量

抽出する量によっても濃度は変わります。珈琲を淹れている時に滴る抽出液は最初から最後まで同じ濃度ではありません。蒸らしてから初めに落ちてくるのが一番濃厚なエキス分。時間が経てば経つほど、徐々に薄くなっていき、終盤に落ちる液体は、ほぼ出がらしのようなものになります。淹れ方の手順（38頁）での滴る液の色を見てもわかるかと思います。これが透過式という濾しながら抽出するドリップ抽出の特徴で、序盤に溶かしこんだ濃厚なエキスを少しずつ薄めていく作業といっても過言ではありません。つまり、カップに落とす抽出量を減らすことで（後半の風味に乏しい抽出液を入れないことで）、珈琲の濃度を濃くすることができるのです。逆に、抽出をさらに続けてカップに落とす量を増やそうとした場合には、味はどんどん薄まっていきます。

珈琲屋で飲む珈琲は量と値段は比例しません。少ない豆量でたっぷり抽出した珈琲もあれば、たくさんの豆を使って少量しか抽出しないデミタス珈琲などもあります。ウイスキーを水割りで爽やかに味わうか、ストレートで少しずつ嗜むか、その愉しみ方の違いに似ているかと思います。

少量で濃い珈琲をゆっくり嗜むのもドリップ抽出でしか味わえない魅力であり、さらっとした量の多い珈琲を友人とコミュニケーションを取りながら飲むのもまた良い。濃度を意識すると、より味わいの幅が広がります。

こっくりとした濃い味わいの珈琲

・使う豆の量を増やす（二十g→二十五gなど）
・抽出量を減らす（百二十cc→百ccなど）

さらっとした軽めの珈琲

・使う豆の量を減らす（二十g→十五gなど）
・抽出量を増やす（百二十cc→百五十ccなど）

抽出の応用

この抽出論さえ頭に入れておけば、珈琲の淹れ方の幅が広がり、工夫次第で各々の味を表現することができるでしょう。昔から「浅煎りは湯温高め、深煎りは湯温低め」といわれています。浅煎りの珈琲は酸味と香りはしっかりしているけれども苦味が出にくいので、高温で珈琲らしい苦味を出しきってしまおう、深煎りは苦味がしっかりしているけれども、エグ味も出やすいから、低温でじっくり淹れよう、といったことは珈琲の先輩方が研究して得て来た教訓です。しかし、珈琲の抽出に正解はありません。要はどんな味が作りたいか。こう淹れたら必ず美味しくなるといった黄金レシピなどは存在しません。さらに、年齢や経験によって嗜好も変化することもあるでしょう。味作りの指針はご自身で決めていただき、「美味しさ」を探してみてください。何も堅苦しくやる必要はありません。それぞれの生活、性格、センスで、各々の味わいを作り上げていただきたく思います。家で飲む珈琲はあまり難しい顔をして淹れても美味しくないですから。毎日淹れる珈琲は、美味しい日もあれば、思い通りの味にならないこともあるでしょう。昨日こんな味になったから、今日はこう淹れてみよう、そんな小さな試行錯誤の積み重ねが、自然と美味しい珈琲に導いてくれるはずです。

二章

珈琲を知る

珈琲の淹れ方で大切なことは、豆の成分をどのように液体に溶かし出すかであり、もともと珈琲豆が持っている風味をどう活かすかにつきます。好みの珈琲を作るために、さらに大切なのが、珈琲を良く知り、選ぶこと。少しの知識を入れて引き出しを増やしておくと、その時々の感情や、合わせる菓子によって珈琲を選ぶことができ、愉しみをより一層深めることができるでしょう。

珈琲を選ぶ

嗜好品に限らず、美味しいものは原料の品質が良いことが第一。珈琲も同様、良い珈琲豆を選ぶことが肝要です。どんなに淹れ方を工夫しても、B級の豆をA級の味に仕上げることはできません。逆にいえば、少し乱暴な表現ですが、良い珈琲豆を選べば、良い珈琲には仕上がります。「良い珈琲豆」とはどんなものかといえば、焙煎してから時間の経っていない、出元がはっきりしているもの。そして、欠点豆が少なく、香りが豊かなもの。個人の自家焙煎の店で売っている豆はほとんどがそうで、風味も素晴らしいものが多いです。

ただし、その風味は千差万別。生産されている国や銘柄だけではなく、品種、栽培されている環境、さらには加工方法によっても、出来上がる風味は大きく異なります。その上、珈琲屋による焙煎の方法によっても著しく変化します。

一昔前と比べると、今は様々な珈琲を選べるようになりました。しかし、選択の幅が広がった反面、細かい情報が溢れすぎていて、逆に手に取りにくくなってしまうこともあるかと思います。そんな時は、次の三つを意識することで、必要な情報を選び出し、解読することができるようになるでしょう。

それは「生産地」、「精選方法」、そして「焙煎度」です。珈琲豆がどこで収穫され

珈琲の花（右）と果実（左）

たものか、どのように加工されてできたか、どのように火が通されたか。この三つの掛け合わせでおおよその珈琲の味を想像できるようになるはずです。

珈琲豆のもととなるのは「コーヒーノキ」という植物。ジャスミンのような香りを放つ白く可憐な花を咲かせ、小さな赤い果実を実らせます。この果実の種こそが珈琲の原料です。そして、農作物である以上、米や果物などと同様に、どこでどのように栽培されているかが大きく風味に影響します。

その果実を農民が収穫し、種子を取り出し、保存、輸送しやすいように乾燥させたのが、珈琲の生豆《なままめ》です。この果実から生豆に加工する工程を「精選」と呼びます。これも風味に大きな影響を与えることから、近年は精選方法による新しい風味作りも模索されているところです。

この生豆が日本やその他の消費国に運ばれ、珈琲店で焙煎されたものが、香ばしい珈琲豆。生産地や精選方法も大切ですが、苦さや酸味の強弱が大きく変化する焙煎こそ、一番嗜好に影響します。

生産地

珈琲の木は赤道を中心とした南北緯二十五度の間で主に栽培され、その地域はコーヒーベルトと呼ばれています。赤道直下と聞くと、とても蒸し暑いイメージを持たれるかもしれませんが、多くの珈琲の木は暑い気候が苦手。ほとんどは、標高の高い場所で栽培されており、朝晩は涼しく、昼は暖かい、年間平均気温が二十度前後と、私達にとっても過ごしやすい場所で育っています。高地で育った珈琲は、朝晩の寒暖差で種子が硬く引き締まり、味が濃縮されて美味しくなります。ちなみに、チョコレートの原料、カカオ豆も同じように赤道直下の国々で栽培されており、その栽培地域はコーヒーベルトと重なっています。ただし、カカオは蒸し暑い低地で栽培されていることが多く、同じ赤道直下で採れる作物とはいえ、その生育環境は全く異なるのです。

昔から生産国によって様々な銘柄が冠されています。「モカ」や「キリマンジャロ」、「マンデリン」などを聞いたことがある方も多いかと思います。コーヒーベルトの中でも、気候や日照条件、土壌の質、そして、栽培されている品種などの要因が複合的に関わり合うことで、独自の風味特徴が生まれます。また、米や果物が日本という小さな国内でも風味の差が大きいように、実際には同じ国の中でも、地域や農園、さらには畑違いでも風味は異なるもの。今では国別だけでなく、地域や農園単位で珈琲も手に入るようになり、選択の幅が広がってきています。

飲用の珈琲は大きくアラビカ種とカネフォラ種[二]という二つに分けられます。自家焙煎の珈琲屋で販売されている豆のほとんどはアラビカ種。総生産量の七十％程度を占め、香りが豊かであるけれども病気に弱く、育つ環境も限られている品種です。対してカネフォラ種は穀物のような独特の風合いを持ち、苦味が強いのが特徴で、実りが良い上、病気や天候にも強くタフで栽培しやすい品種です。アラビカ種と比べると価格も安く、インスタントコーヒーや、低価格の珈琲の増量用に使用されています。また、力強さ、コクを強めるためにエスプレッソの豆にブレンドされることもあります。

珈琲を愉しむ上で知る必要はありませんが、アラビカ種は品種改良や突然変異により、ブルボン、ティピカ、カトゥーラ、ムンドノーボ、パカマラ、ゲイシャ等、品種がさらに細分化されています。耐病性、土壌や天候、求める風味などに合わせて、それぞれの国で栽培されている品種も異なるのです。

次頁からは代表的な生産国をご紹介します。先述の通り、同じ国の中でも多様な珈琲が生産されますが、大きく国ごとの風味傾向を知ることは好きな珈琲を見つける一つの手がかりとなるでしょう。

［二］ロブスタ種とも呼ばれる

アフリカ

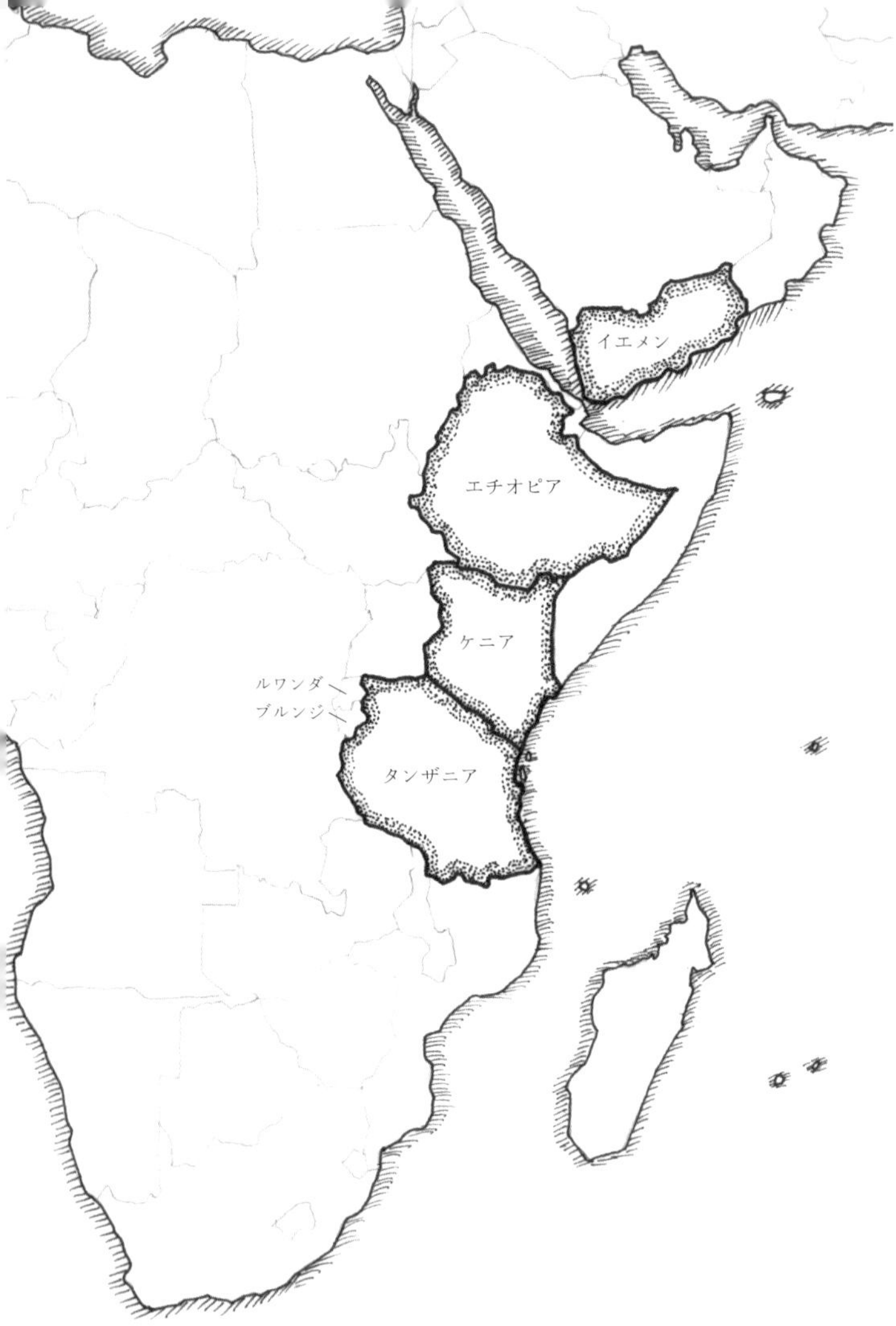

エチオピア

珈琲の発祥の国で、今なお野生の樹木が自生し、そこからも収穫されている。珈琲豆が国の主要な輸出品だが、人々の生活にも飲用文化が根づいており、自国内での消費は全体の三十〜四十％にもなる。昔は「モカ」という港から輸出されていたことから、イエメンの珈琲豆と合わせて「モカ」という銘柄が冠されている。特徴的なのは上品な酸味と華やかで気品のある芳香。綺麗な香味を持った南部のシダモ、ジャスミンのような華やかさを持つイルガチェフェ、エキゾチックな香りが特徴的な東部のハラール、野生の珈琲の森が残る南西部のジンマなどが産地として有名。

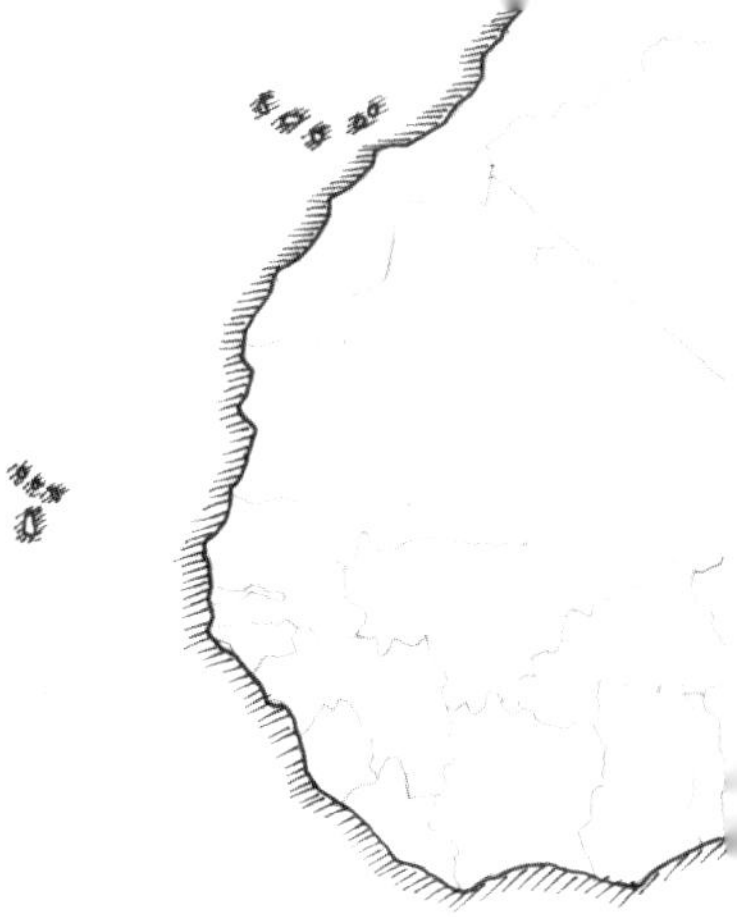

ケニア

エチオピアの南に接する国。綺麗な香味で、上質かつ鮮やかな酸を持つ珈琲が多い。特に良質なものはカシスやワイン、ベリーを彷彿とさせる妖艶な味わいを持つ。ケニア中央にそびえるケニア山周辺のキリニャガ、エンブ、ニエリといった地域の珈琲が有名。

タンザニア

「キリマンジャロ」の名前で知られている珈琲の産地。キリマンジャロとはタンザニア北東部にそびえるアフリカ最高峰の山の名前。その南麓で小規模農家によって栽培されている。良質なものは酸味、甘味、コクのバランスが良く、香りも優れている。

イエメン

エチオピア珈琲とともに、「モカ」の銘柄で取引されている。昔からエチオピアとの人的交流も盛んで、飲用文化はイエメンで発展したといわれている。イエメン人は珈琲豆ではなく、珈琲の果肉部分を煮出して作った「ギシル珈琲」も愛飲している。

井上陽水がカバーしている「コーヒールンバ」に登場する魅惑の珈琲「モカマタリ」とは、同国のバニー・マタル地方で採れた珈琲のこと。伝統的な製法で生豆を作っているため、欠点豆が多く混じるが、綺麗に選別したものは独特のスパイシーな芳香を持つ。

中南米

グアテマラ

火山が多く、豊かな火山灰質の土壌を持つ。アンティグア、コバン、ウエウエテナンゴ、サンマルコス、アティトラン、アカテナンゴ、フライハーネス、ニューオリエンテなどの生産地に分けられ、それぞれの地理的特徴から、多様性のある珈琲が生産されている。

パナマ

繊細で綺麗な風合いの珈琲が多い。特に近年注目されているゲイシャ種と呼ばれる品種は、華やかでフルーツや花を思わせる強い個性を持ち、話題を呼んだ。その後も質の高い豆を生産する国として独自の活動を行っている。

ブラジル

世界で最も珈琲豆を生産している国で、世界の総生産量の三分の一にもなる。酸味は比較的穏やかで、ナッツやチョコレートを思わせるコクを持つ珈琲が多い。珈琲農園の機械化や新しい技術の導入なども積極的に行われている珈琲大国。

コロンビア

世界第三位の珈琲生産国。国土の大半は山岳地帯であり、複雑な地形と、亜熱帯、温帯、寒帯と様々な気候が見られ、地区によって多彩な特徴の珈琲が生産されている。比較的しっかりとした酸質を持つ。

東南アジア

インドネシア

スマトラ島北部で生産される銘柄の「マンデリン」が有名。酸味が少なく、力強い味わいで、森やハーブ、スパイスを思わせる野性的な香りを持ち、苦味が好きな方にはファンが多い。スラウェシ島の「トラジャ」はマンデリンよりもマイルドでやわらかい印象。ジャワ島は珈琲の歴史も古く、かつての大産地であった。エチオピア豆とブレンドした「モカジャバ」は世界最初のブレンド珈琲ともいわれている。病害や経済恐慌で打撃を受け、その後はカネフォラ種が多く栽培されるようになったが、酸質のしっかりしたバランスに優れたアラビカ珈琲も精力的に栽培されている。

ベトナム

生産される珈琲のほとんどがカネフォラ種であり、今では世界第二位の生産国。標高の高いダラットなどで一部アラビカ種も生産されている。カネフォラ種の珈琲は濃く抽出したものにコンデンスミルクを混ぜる独自の飲用方法（ベトナムコーヒー）で愉しまれている。

インド

紅茶の印象が強いが、アジアの中ではベトナム、インドネシアに次ぐ三番目の珈琲生産国。アラビカ種に限っていえばアジア最大の生産量を誇る。カネフォラ種の生産が主ではあるが、アラビカ種の品質向上への取り組みや技術の導入も進んでおり、これからさらに優良な豆が生まれていくことが期待される。

精選

収穫された実から種子を取り出し、乾燥した生豆へ加工する工程は輸送に適した形にするだけではなく、風味を作る上でもとても重要です。処理方法を変えることで、珈琲の風味は大きく変わります。まずその精選方法についてお伝えする前に、簡単に珈琲の果実の構造の話をしましょう。珈琲は熟すると赤い果実となりますが、この果肉を取り除くと、ぬめりのある粘質[三]がまとわりついた種が現れます。サクランボと一緒です。このぬめりの下に、殻[四]に包まれた二個の種子（珈琲豆）が存在しています[五]。この果肉とぬめりをどのように取り除くかによって、出来上がる珈琲の風味が変わります。精選方法は、収穫して果実がフレッシュなまま果肉、ぬめりを取り除いてしまう方法（水洗式）と果実のまま乾燥させてから殻ごとはぎ取る方法（非水洗式）の二つに大きく分けられます。

水洗式（ウォッシュド）

果肉とぬめりを摘み取ったばかりのフレッシュな状態で取り除き、乾燥させる方法で、その名の通り、水をたくさん使用します。まずは収穫した果実を水槽に入れて、

[三] ミューシレージ、粘液質と呼び、果肉に近い成分

[四] パーチメント、内果皮と呼ぶ

[五] 稀に一つのみ丸い形の珈琲豆が入っていることがあり、それをピーベリーという

珈琲の果実の構造

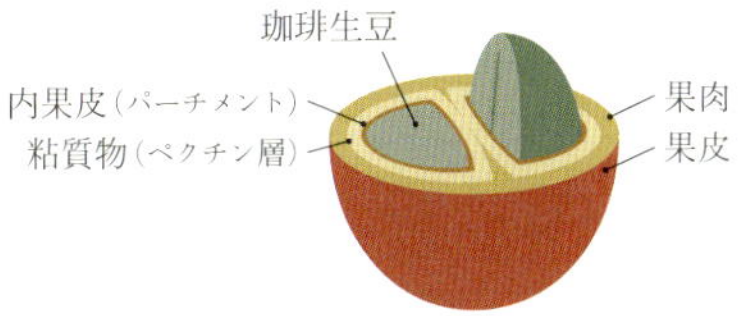

浮いてくる不完全果実（種が不完全な形成をして軽くなったもの）や、葉や木の枝などの異物を取り除き、果肉除去機で物理的な力をかけて果肉部分をはぎ取ります。その後、水槽に半日から一日ほどつけることで、微生物の力で自然発酵させてぬめりを分解除去し、それを水洗いして完全にぬめりを取り除きます。その状態で乾燥させ、最後に脱殻して完成です。未熟な緑色の果実を収穫してしまうと、最終的な珈琲の風味を濁らせてしまいますが、この方法では果肉除去機でそれらを取り除けるため、雑味が少ないクリーンな生豆を得ることができるのが大きな特徴です。グアテマラ、コロンビアなどの中米諸国、アフリカでもタンザニアなど、幅広い国や地域で採用されている主流の精選方法です。まとまりのある味わい、クリアでしっかりした酸味とさらりとした質感を持つので、品のある味わいに仕上がります。

非水洗式（ナチュラル）

摘み取った果実を天日乾燥し、ドライフルーツにした状態で、一気に脱殻する方法です。原始的かつシンプルな方法で、収穫した果肉をそのまま乾燥台やコンクリートの乾燥場に広げ、撹拌しながら乾燥させていきます。カラカラになるまで乾燥させ、果肉、殻ごと脱殻し、生豆が出来上がります。エチオピアやイエメンでは小農家がほとんどで、特別な設備のいらないこの方法が広く行われています。果肉ごとゆっくり乾燥させるため、微発酵が進み、複雑な香味とコクが生まれ、それがモカ珈琲独特の華やかさを生み出しているともいわれています。他にも、大農園で大量に収穫された果実を効率よく加工ができるため、広大な敷地を持つブラジルでも次に述べる半水洗式と合わせて広く採用されている方法です。また、近年は新しい風味の創出、差別化を図って、非水洗式を採用している中米の農園も多く見られます。ただし、非水洗式ではすべての果実を乾燥させることで、豆は赤黒くなってしまい、未熟な果実を識別できにくくなるため、欠点豆の混入が多くなりがちなのが難点です。重めの質感とチョコレートやワインのような発酵系の香り、スパイス、いちごジャムのような風味を持つものが多く、個性の強い香りを欲する時に選びたい珈琲です。

半水洗式（パルプドナチュラル）

その名の通り、水洗式と非水洗式の工程を半分ずつ採用している方法です。具体的には、前半は水洗式と同様に水槽に果実をつけて不完全果実や異物を除去し、果肉除去機で果肉を取り除きます。水洗式であればその後発酵槽につけてぬめりをとる工程に移るのに対して、半水洗式では、ぬめりがついたままの状態で乾燥させるのが特徴です。未熟豆を取り除くことができる水洗式の良さと、発酵槽や水洗いの必要がないといった設備的、資源的な効率の良さもあり、ブラジルなどの中南米諸国で採用されています。果肉と近い糖分が主成分のぬめりを纏った状態で乾燥させることから、果肉ごと乾燥させてしまう非水洗式に少し寄った風合いとなります。複雑味のある香りと、やや重めの口当たりを持ちながらも、綺麗な酸味もほど良く残る傾向にあります。中米コスタリカ等を中心として、その風味特徴から採用され、ハニーコーヒーとも呼ばれています。ぬめりの取り除き加減を調整して、百%ぬめりを残したレッドハニー、多少取り除いたイエローハニーなどと、その方法も様々。珈琲生産国ではさらなる付加価値をつけるためにも、精選処理による風味作りが積極的に行われるようになってきました。

スマトラ式

インドネシア、スマトラ島の一部で行われている処理方法で、半水洗式の一種に分類されます。まずは果肉を物理的に機械で除去し、ぬめりのついた状態で天日乾燥させます。一般的な半水洗式ではこのまま乾燥させて完成となりますが、スマトラ式は、乾燥しきっていない生乾きのうちに脱殼して殼を取り除きます。その水分をまだ含んだ生豆をさらに乾燥させて完成です。生豆にしてから天日乾燥を行うため、他の方法よりも乾燥日数が少なく済みます。乾季雨季が不規則にやってくる気候に合わせて発達した方法で、これがマンデリン特有の土や森を想像させる香りを生み出すともいわれています。豊かなボディ感、個性的な野性味を味わいたい時に選びたい珈琲です。

各精選処理の流れ

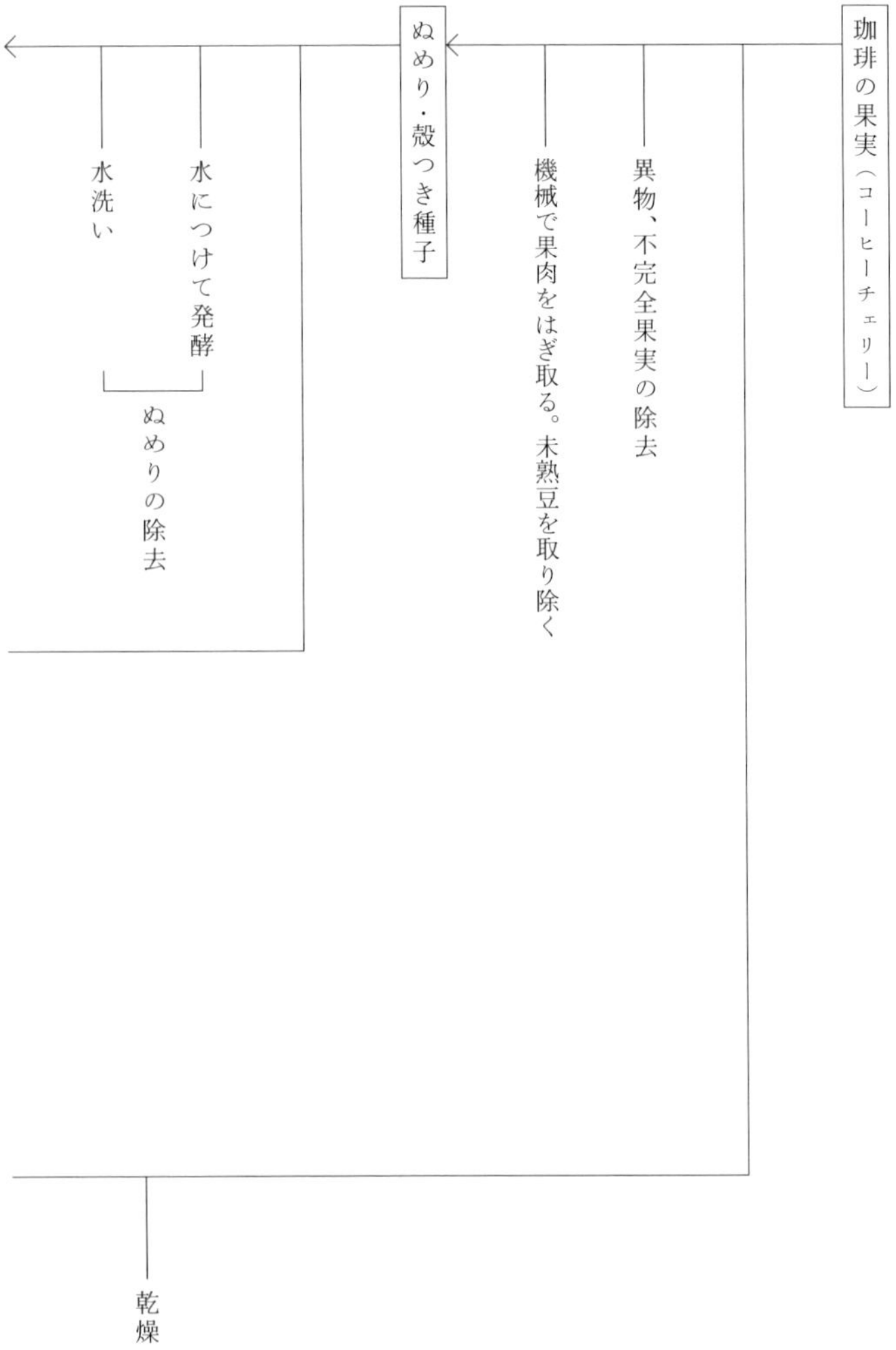
珈琲の果実（コーヒーチェリー）
異物、不完全果実の除去
機械で果肉をはぎ取る。未熟豆を取り除く
ぬめり・殻つき種子
水につけて発酵
水洗い
ぬめりの除去
乾燥

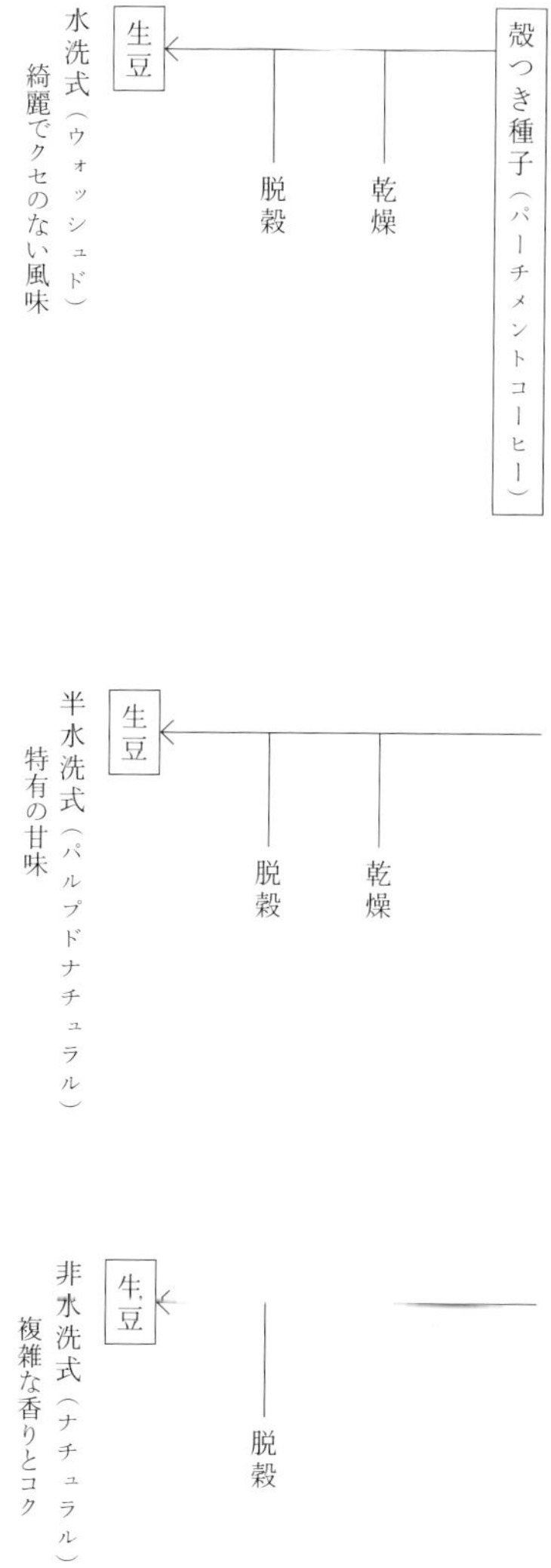
殻つき種子（パーチメントコーヒー）
乾燥
脱穀
生豆
水洗式（ウォッシュド）
綺麗でクセのない風味
乾燥
脱穀
生豆
半水洗式（パルプドナチュラル）
特有の甘味
脱穀
生豆
非水洗式（ナチュラル）
複雑な香りとコク

水洗式（ウォッシュド）

ブラシでこすりながら綺麗にぬめりを取り除く

右…機械で果肉を取り除く
左…水槽につけ、微生物の力でぬめりを分解

攪拌、選別をしながらゆっくり天日で乾燥させる

非水洗式（ナチュラル）

摘み取った果実をそのまま乾燥台に広げ、未熟豆を選別しながら、ゆっくりと天日で乾燥させる

乾燥後は赤黒く、カラカラに

焙煎

　珈琲豆は植物の種子であり、生の状態では青臭く、良い香りがするものではありません。この生豆を焙煎して熱を加えることで、成分に化学反応が起こり、初めて珈琲らしい芳しさが生まれます。そして同時に、苦味と酸味の強弱が決定づけられます。「モカって酸味が強いんでしょう?」とお客様から聞かれることがありますが、一概にそうとはいえません。どんな豆であろうが、焙煎次第で酸味が強くも、苦味が強くもなるのです。

　一番珈琲の好みを左右するのは、香りの質よりもまずは苦味や酸味の強さでしょう。「酸味の鮮やかな瑞々しい珈琲が好き」「重く苦めの珈琲をしっとり飲みたい」など、好みは人によって、そして、状況次第で大きく変わるものです。生産国や精選処理による風味の違いよりも、焙煎による苦味と酸味の出方のほうが、その違いが明確でわかりやすいので、まずは自分の好きな焙煎度合いを見つけるのが良いでしょう。

　焙煎において熱を加えれば加えるほど（焙煎を深くすればするほど）、色は緑色から黄土色、茶色を経てこげ茶、そして黒へと近づいていきます。焙煎が浅く、色づきも弱い状態の豆は酸味が強く、苦味は弱い傾向にあります。逆に焙煎度が深くなればなるほど、苦みが増え、酸味は減ります。また、焙煎の浅い珈琲は軽やかな香り（フルーツのような明るい香りや、花を思わせる華やかな香りなど）が多く含まれますが、そのようなデリケートな香りは焙煎を深めるほど飛んでいってしまいます。深く焙煎すると、どっしりとした重めの香り（カラメル香や珈琲らしいロースト香）が生まれ、質感としても重い印象になります。さらに煎りを深くすると焦げに近いスモーキーな香りが作られてよりドライな風味に変化します。

このように焙煎の度合いで珈琲の味わいは大きく変化しますが、どんな優れた焙煎を行っても新しい突飛な香りが生まれることはありません。珈琲屋の焙煎の仕事は、火加減や焙煎時間、排気などを調整しながら、それぞれの豆の特性を最大限に活かして、イメージした味の着地点に収めることといえるでしょう。

焙煎度は大きく八つに分けられます。珈琲店によっては多少基準が異なりますが、焙煎の浅いほうから順にライトロースト、シナモンロースト、ミディアムロースト、ハイロースト、シティロースト、フルシティロースト、フレンチロースト、イタリアンローストの八段階。浅煎り（ライト、シナモン）、中煎り（ミディアム、ハイ）、中深煎り（シティ）、深煎り（フルシティ、フレンチ、イタリアン）と大きく四つに分けたほうがわかりやすいかもしれません。

珈琲豆は表面をテカテカとした油に覆われることがあります。これは焙煎中に発生するガスが放出される際に、豆内部の油脂が表面に滲み出てきたものです。強い火力で焙煎した場合や深煎りに焙煎した場合に現れる現象です。

焙煎の度合いと風味の変化

浅煎り

ライトロースト

うっすらと色がつき始めた程度
珈琲の香ばしさというよりも穀物臭
あまり流通していない

シナモンロースト

さっぱりした味わい
あまり流通していない

ミディアムロースト

栗色
繊細で華やかな香りを感じやすいが、
酸味も突出している

中煎り

ハイロースト

茶褐色
酸味の中に仄かな苦み・コクも現れる
フルーツ香がたつ

酸味
繊細な香り

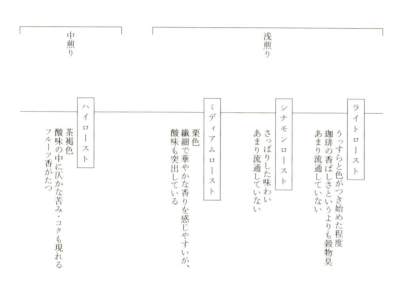

中深煎り

シティロースト

濃い茶褐色
酸味が円くなり、苦味とコクが強まる
バランスに優れる

深煎り

フルシティロースト

濃い茶褐色
仄かな酸味とやわらかい苦み
コクもしっかり感じられる

フレンチロースト

ダークチョコレートのような色合い
しっかりした苦みとコクを持つ
酸味はほぼなし

イタリアンロースト

黒に近い色合い
力強い苦みとコク
スモーキーな香りが感じられる

苦味
重たい香り

F.ROYAL

F.ROYAL

ブレンド

近年、単一農園で仕上げた際立つ個性を持つ珈琲が増えてきており、ストレート（シングルオリジン）で飲む機会もいっそう多くなっているかと思います。

生産地域、精選方法、焙煎方法が明確ですので、その情報と照らし合わせて珈琲を愉しむのもいいでしょう。また、その土地、生産者に思いを馳せて味わうこともできます。

それに対して、ブレンド珈琲とはいくつかの種類の珈琲豆を混ぜたもの。そう聞くと、ネガティブに思われる方もいらっしゃるかもしれません。「良いコーヒーはシングルオリジン」と思っている人も多いことでしょう。確かに、量産品の珈琲は安価な豆をベースに、個性のある豆をブレンドして、コストパフォーマンスを重視したり、ロットによっての風味のブレの対策として、より安定した風味を維持したりするためにブレンドが行われることがあります。

しかし、「ブレンド」の立ち位置も様々。個人の自家焙煎店でのブレンドの目的はほとんどの場合、「風味の創造」にあります。単一品種の珈琲では表現できない深い奥行きと複雑味を生み出すことがブレンドの妙であり、想像する風味に近づけるための創作作業なのです。

楽器でいえばストレートがソロ演奏だとすれば、ブレンドはアンサンブルといえるでしょう。チェロの重い音色、風のように鳴くヴァイオリン、トランペットの凛とした印象、個々でも輝けるそれぞれの音色の合奏が生み出す音の調和の美しさ、奥行きこそ、珈琲のブレンドに通ずる部分です。

音楽同様、それぞれが才能・個性を持っていても、ともに奏でてかならずしも素晴らしいものになるとは限りません。ブレンドもただ品質の高いもの同士を合わせれば良いというわけではなく、楽曲を編成するように、味のイメージを膨らませて、その風味を調整（どこの、どのように精選された豆を、どう焙煎し、どのようにブレンドするか）します。

私も頭の中で、「エチオピアはもっと明るい印象を……。マンデリンはもっと低い味を奏でてもらいたいから一段階深めの焙煎を。全体を引き締めるために何かもう一つキレのある音色がほしい」と、そんなことを考え、細かいニュアンスを調整しながら、自分の描く理想の風味に向けての、豆の選定、焙煎、そしてブレンドを行っています。

「せっかくだからストレート」と簡単に思ってしまうのはもったいない。指揮者である店主の想いが現れているブレンドこそ、まず愉しんでもらいたい珈琲です。

三章
珈琲閑談

普段から珈琲について悶々と考えています。風味について、そもそも美味しさとは何か、珈琲や喫茶のあり方、存在意義とは。いつもぼんやり、そんな思索を続けています。珈琲とは何も頭で味わうのではなく、ただ美味しく味わうものです。しかし少しだけ、普段考えている珈琲についてのあれこれをお話する機会をいただきたく。取り散らかった話柄ですが、もしかすると、話の断片が、何か皆さんの味わう珈琲に作用することがあるかもしれません。

美味しい珈琲を愉しむために大切なこと

私の愉しみの一つ、近所の米屋に行き、店主のおじいさんと他愛のない話をしながら米を買うこと。少しずつ、こまめに買ってしまうのは、精米したてのものを買いたいという理由もあるが、それ以上にその買い物を通した会話の時間にあるのかもしれない。馴染みの人から買う米が一番気持ち良く食べていられるし、顔を合わせる回数が増えるにつれ、炊き方や食べ方の工夫、その季節の美味しいものも教えてくれる。珈琲も同様、美味しい珈琲を嗜むための一番の近道は、肌に合う好きな珈琲屋を見つけることだろう。

珈琲があらゆる場所で手に入るようになり、選択肢が増えすぎて、どこから手をつければいいかわからないかもしれない。雑誌を開いてもたくさんの珈琲屋が載っていて、どこから行ったらいいものやら。しかし、極端ないい方をすれば、小さな自家焙煎の珈琲屋であれば、どこだって良い珈琲があるだろう。

以前大きな会社に勤めていたことがある。大きな組織になればなるほど、作り手と売り手、そして、経営者との距離が離れ、商売の上での根本的な思想と売り手の想いが乖離しやすいことを痛感した。その点、身銭を削り、腹をくくって珈琲屋を始めている個人店の多くは、静かに、でも何か強い想いを持って、営んでいることだろう。

そのような魂のこもった店には、好みの差はあれ、良い珈琲以外あるわけないのではなかろうか。そして、街の米屋と一緒で、顔を合わせるごとにより親身になって考えてくれるはずだ。

嗜好品である珈琲などは特にそうで、味の好みやどんなシーンで飲むか、何と合わせるか、良い珈琲屋は聞かれれば喜んで答えるだろうし、むしろ各人に相応しくない珈琲を飲まれてがっかりされるよりも、色々聞いてもらい、好みの珈琲を美味しく味わってもらいたいと心底思っていることだろう。

あなたにとっての一番を考えてくれるのが、相手の顔の見える血の通った店の魅力。ランキングや他者の評価などに振り回されてほしくない。今は何でも簡単にインターネットでさくりと購入できてしまうし、その有難さに助けられていたりはするけれど、何よりも買い手と売り手に想いの意思疎通があってこそ、味覚的にも感情的にも、本当に美味しくいただくことができるのだと思う。まずは感覚的に肌に合いそうな、気になる珈琲屋の扉を開けてみてもらいたい。

もう一つ、大切なのが手間をかけること。美味しい料理を家で味わうためには多少の手間がかかるが、それは珈琲も同じことだ。ボトリングされたワインや綺麗に包まれたチョコレートなどの嗜好品のように、注ぐ、盛りつけるだけではなく、珈琲は抽出という調理をしなければならない以上、美味しいものを作ろうと思えば、多少の時間と労力が必要だ。そして手間をかけた分、その味わいはより一層深くなる。

とはいえ、珈琲になると、何だか急にないがしろにされてしまうのは何故なのだろうか。格調高いホテルで、手がこんだ美味しい朝食をいただいて気分が良くなることはあっても、そこで美味しいとしみじみ感じられる珈琲を味わえることは少ない。挽きたてでもなければ、安価な量産品を使用している場合も多く、そのギャップに興ざめしてしまう。美味しい珈琲はこれ以上ない気持ちの良い朝を作ってくれる。良い珈琲原料を使う、抽出直前に挽く、それだけでも十分美味しくなるものなのに、勿体ないなと感じる。

美味しい珈琲を飲むためには、豆の鮮度を気にする、毎回淹れる直前に珈琲豆を挽く、それらは必要な一手間。それに、淹れ方にも気を使う。一番手間がかかるものはネルフィルターであろう。使う前に布でぬぐって水気を取り、使い終わったら流水で洗い水に浸して冷蔵庫保管。紙のフィルターと比べるとやはり面倒だ。しかし、時間と手間、想いをこめて淹れるネルドリップこそ、贅沢で味わい深い一杯となるだろう。ネルフィルターをおすすめはするが、そうじゃなきゃダメとまではいえない。ただ、本当に美味しいものを作ろうと思ったら、面倒なことにこそ、大切な要素がこめられているものだ。

効率的なことは大切だ。しかし、行き過ぎることで失われているものはきっとあるだろう。「非効率の美味しさ」とでもいうのだろうか。効率の良さ、また、その結果として得られる時間、それはとても重要だし、ないと生きていけないものだとは思う。けれども、あるところを境にして、それがとても味気ないものになってしまう。

そのバランスはとても説明し難いが、手際が悪くとも、手間暇かかって誰かのために作られた愛のあるものほど、美味しいものはない。だから、コーヒーメーカーだけは私はどうしてもおすすめしたくない。理論的に美味しく淹れることができると立証されているものであっても、それはスイッチを押す人の意思や思想のない機械の味になってしまう。

ぎこちなくとも、人に淹れてもらう珈琲のほうが美味しいに決まっている。雑味が多かろうが、癖があろうが、人の味、さらにいえば人それぞれの偏った流儀があったほうが素敵だ。家族、友人、自分のためでもいい。大切な誰かに美味しい珈琲を淹れてほしい。

コピ・ルアック

ある映画の一コマで、主人公が珈琲を淹れる時に、挽きたての豆に人差し指を置いて「コピ・ルアック」と唱えるシーンが印象に残っている。ところで、この美味しくなるおまじないの言葉、その意味をご存知だろうか。コピ・ルアックとはインドネシアで珈琲の果実を食べたジャコウネコの糞から採取された珈琲のこと。「コピ」とはインドネシア語で「珈琲」、「ルアック」とはジャコウネコ科の動物だ。完熟した果実を選んで食べるジャコウネコの糞から集めた珈琲は稀少性が高く、世界一高価な珈琲といわれており、一般的な珈琲豆の十倍以上の価格がついている。

ジャコウネコの腸内で微発酵が進むため、独特の味わいが生まれる。その香りこそがコピ・ルアックの魅力だ。その価格に対して味はどうかというと、価格のわりには、と正直思ってしまう。そして、どこか味というよりも「希少性」が独り歩きしてしまっている印象を個人的に持っており、あまり関心がない珈琲であった。実際、素晴らしい品質の原料が揃う今の珈琲市場で、もっと風味の面で興味を惹かれる豆はたくさんあるだろう。

長年関心の少ない豆であったのだが、ある夏にインドネシアの珈琲農園に行く機会があり、そこでコピ・ルアックと出会うこととなった。インドネシアの旅は学びも多く、素晴らしい農園にも伺うことができ、貴重な経験となったのだが、その訪問した中の一つの農園で取り扱っていたのがこの豆だった。

珈琲伝播の歴史の中でインドネシアはとても重要な場所である。世界中に広まる珈琲のルーツをたどると、オランダが、エチオピアやイエメンから、自国の植民地であったインドネシアに珈琲を持ちこみ、栽培したところにたどり着く。それが欧州を経由して世界中で栽培されるようになっていったのだ。

そんなインドネシアの今の珈琲市場は驚くほど活気に満ちていた。先進国と同様、浅煎り珈琲を取り扱う若者の営む珈琲屋や、洒落たカフェも街には多く見られる。特にイスラム教が多く、お酒を飲まない人がほとんどを占めるインドネシアでは、珈琲の存在は欠かせないものなのだろう。

現地で話を聞くと、オランダがインドネシアを支配し、珈琲栽培を広げていった時代には、自国民達は労働に従事させられながらも、珈琲を飲むことが許されていなかったのだという。当時のオランダは現地住民に珈琲などの指定の農作物を強制的に栽培させ、植民地政府が独占的に買いあげる強制栽培制度を採用し、本国に富をもたらせていた。コピ・ルアックは、そんな貧窮の中で彼らが正規のルートではなく、ジャコウネコの糞を洗って珈琲を取り出して飲んだことが起源だったのだ。美味しさ云々の話ではないその暗い背景を知ると、とても複雑な気持ちになる。彼らが初めて口にした珈琲の味わい深さはどのようなものであったのだろうか。

これはインドネシアに限った話ではない。当時の欧州諸国は自国で消費する珈琲、もしくは輸出品として取り扱う珈琲を植民地で作らせて搾取していた。その暗い歴史の上で成り立っているのが現在の珈琲産業である。今でも生活水準が低く、貧しい生活をする農民も少なくない。私も市場の中では本当に小さな存在ではあるけれども、せめて珈琲生産に関わる人々がより幸福になる方向に向かえるようにしなければならないと感じている。

生産される場所と消費される場所とで、距離、文化、価値観的にも大きく離れた中では、同じ目的意識を共有することは難しい。私達消費国の珈琲屋が生産国の農民に提供できるものは「対価」であり、「誇り」であると思う。良い仕事から生まれる優良な生豆に対して、報酬をしっかり支払う。直接取引できなくとも、そんな売買のサイクルに自分の商売を組みこむことが大切だと思っている。そうすることで農家の収入も向上し、仕事の意識や誇りも強くなる。それが末長く続く互いの発展の形であるだろう。今はコンビニで安く、そして、そこそこに美味しい珈琲が手に入ってしまうすごい時代だと思う。でも、勘違いしてはいけない。「良い」珈琲は決して安いものではないのだ。

「コピ・ルアック」。それは私にとって美味しい珈琲を淹れるためのおまじないの言葉ではなく、珈琲産業の暗い過去をしっかり噛み締め、その恩恵に預かっているという自覚、そして、生産者と消費者の良い関係を築くことの大切さを再認識するための言葉となっている。

深煎り派の擁護

「酸っぱい珈琲が苦手なんです」。お客様に珈琲豆をご案内する際に好みを伺うと、こう返ってくることが少なくない。「劣化した珈琲はひっかかるような酸っぱさがありますが、良質な鮮度の良い珈琲はフルーティーな良い酸味があるんですよ」、なんて答えるのが珈琲屋としての正解なのだろうか。いや、それは時代錯誤で、一昔前ならそんなことがいえたかもしれないが、良質な豆が簡単に手に入るようになった今、皆が知らずに良い珈琲に慣れ親しんでいる。酸っぱい珈琲が苦手。その答えはその人の嗜好に浅煎りの珈琲が合っていないから、に尽きると思う。

珈琲豆は深く焼きこんでいくことで、香りは同じ方向に収束していく。つまり、味の個性が失われ、苦味とコクが強まり、さらに進むとスモーキーな香りが出る。浅煎りの珈琲の魅力は、何といっても香りの個性を最大限に感じられること。生豆の風味の質をはかるためのカッピング[六]をする際も浅煎りの豆で行うし、珈琲農園がより発展するための（より個性的な豆を作ってその対価を得ていく）土壌としても、浅煎りのほうがわかりやすい。競技会を行うスターのようなバリスタ達は浅煎りを使うことも多いし、やはり世界的に浅煎りが「流行り」だ。

深く煎ることは、浅煎り派からするならば、苦味を増やして繊細な香りを失ってし

[六] ティスティングのこと

まい、高品質な豆を使う意味合いが減ってしまう勿体ないことと捉えられるかもしれない。しかし、深煎りにしないと現れない味覚的な奥行きが必ずあり、個性的な風味よりも、円みのあるコクと格たる苦味を好む方は多い。浅煎りには必ず酸味が伴う。酸味を許容して豆の個性的な香りを存分に味わうか、個性は穏やかになるが、コクと苦味、深煎りらしい薫香を好むか。それは嗜好により、良し悪しは個人に委ねられる。

私はといえば、浅すぎも、深すぎもしない、中深煎りから少し煎り進めたくらいのどっちつかずの珈琲を焼いているのではあるが、「質の良い豆は浅煎りで飲むべき」というのは間違いといってしまおう。珈琲が嗜好品である以上、「美味しさ」には正解など存在せず、各々の生い立ち、環境、時間、経験によって「良い珈琲」とは様々な形に変化しうるものである。極端な話、国際的な品評会で素晴らしい評価を受けているものが、誰にとっても「素晴らしく美味しい珈琲」ではないし、世界一といわれるものが、日本一でもなければ、どちらも個人にとって一番なものでは絶対ない。そして、それが何かに劣っていることでもなければ、舌が肥えていないことでもない。珈琲はファッションではない。今は情報が溢れているけれど、それらに振り回されることなく、美味しさを他者に委ねず、是非自分が美味しいと感じる珈琲を探ってもらいたいと思う。流行の浅煎りの魅力を聞く機会は多いので、ここでは深煎りの魅力をお伝えして深煎り派を擁護させていただくとしよう。まず何といっても深煎りの珈琲は濃く淹れてこそ美味しい。浅煎り珈琲は濃く淹れると、酸味が強くなり酸っぱくなってしまうが、濃く淹れた深煎り珈琲には重厚感と奥行きのある味わいがある。滋味深さとでもいおうか、少しずつ口に含み、感じるその味わいは瞑想へと誘いこみ、ゆっくり思考を深める時間、息を整える大切な時間をより深めてくれることだろう。もう一つは深煎り特有の円みのある奥ゆかしい味わいだ。個性的な香りや酸味が主張した浅煎りの珈琲からは、明るい輝きを感じることができるが、深煎りからは苦味を感じた後にその奥からほのかな甘み、旨みがやってくるような淑やかな味わいを感じる。なんだか浅煎り珈琲と深煎り珈琲の嗜好は、欧米と日本の国民性の違いに関係しているのではないかと思う。良いことは良いと、積極的に個性・主張を解放するガツンと明快な欧米人と、謙譲的で内気なやわらかさを持つ日本人。もしくは、明確さを重んじる西洋的言語に対して、少ない言葉で多くのことを察し合おうとする日本的言語。明るく開放的な欧米の空気と浅煎り珈琲の間に近いものを感じるが、仄暗さの中のやわらかな明かりを美しいと思う日本の美意識は、深煎り珈琲の味わいに通じるものがあるのではなかろうか。脈々と高められてきた深煎り独特の味わいの良さもあることは伝えていきたいと思う。しかし、私は浅煎りが嫌いというわけではない。好きなものも多い。溢れる個性的なフレイバーはアレンジの創作意欲を掻きたててくれるし、何より明るい印象を持った浅煎りの珈琲は、気持ちをも明るくしてくれる。街中のコーヒースタンドで、洒落たバリスタと笑顔で他愛のない会話をしながらテイクアウトする浅煎りの珈琲なども、根暗な私にとってもたまにはいいものだ。現に今も朝の活気ある近所のカフェで、浅煎りの珈琲を飲みながら文章を綴っているところだ。美味いと思う。でも、ちょっと私には量が多すぎるのが難点だ。

エチオピア紀行
原木の森を訪ねて

『マンキラの森』。エチオピアの奥深くに、珈琲の原生林があると聞いて、つてを頼り、行ってみることにした。「ルーツを知ることは大切だよ」と、尊敬する今は亡き大先輩にいただいた言葉がずっと頭から離れていなかったのだ。そこにはいにしえより自生している珈琲の樹々が茂り、脈々とその命を繋いでいるという。香り、そして纏う気、他に類を見ない魅力を持つエチオピアの珈琲。その魅惑の根源が、もう少しくっきりと見えてくるのではなかろうか。

何度足を運んでも、その魅力の虜となるばかりのエチオピア。今も鮮明に記憶に残っている、初めての旅の記録を、改めて。

モカに魅せられて

かつて輸出されていた「モカ」という港の名前から、エチオピア産の珈琲はモカと呼ばれる。エチオピアで生まれ、エデン湾を挟んだ対岸のイエメンでその飲用文化が花咲き、それが今世界中で飲まれている珈琲の原点となっている。モカは、なんとも形容しがたい独特の華やかな香りを持ち、この香りのことを「モカ香」と呼んでいるが、私もその虜となって昔から好み、今では店で使う珈琲豆の半分以上はモカの豆だ。

私はいつからモカに惚れこむようになったのだろうか。思い出せる限りでは福岡の珈琲屋で飲んだ一杯にたどり着く。若い時分から喫茶店と珈琲を愛してはいたが、味に心打たれたのはその時が初めてだった。エキゾチックで華やか、複雑な味わいに唸らされた。「面白い」とか「新しい」とか、そういった驚きの体験ではない。滋味深く、体に染み入ってくる感覚、そんな抽象的な表現になってしまうが、風味的にも気持ち的にも、長く心地良い余韻が続き、店を出る時にすっと背筋が伸びていたことは今でも覚えている。考えてみると、それがモカに魅了された原点だと思う。

一口にモカ香といっても、生産地域や加工によって風味は著しく異なる。精選方法でいえば、東部のハラールや南西部のカッファなど、多くの珈琲は水を使わない非水洗式（63頁）を採っている。摘んだ豆をそのまま天日乾燥、脱穀して珈琲豆を取り出す一番シンプルな方法だ。完全に乾燥するまでには時間もかかり、わずかに発酵も進む。この発酵こそがモカ香の独特な風合いを作り出しているといわれている。南部のシダモ、イルガチェフェなどの地域では、摘んだ実の果肉部分をはがし取ってから乾燥させる水洗式（62頁）の精選方法を採っており、紅茶にも似たイルガチェフェ産珈琲の華やかな香りは特に世界中で愛され、ある種のブランド豆となっている。精選方法に加え、東部のハラール、南西部のカッファ、南部のシダモはそれぞれ気候風土も異なり、それらが関わり合って、他にはない多様な珈琲が生産されるのがモカ珈琲の特徴ともいえる。

エチオピアへ

アフリカの角と呼ばれ、アフリカ大陸の北東部に位置し、ケニア、スーダン等に囲まれている内陸国、エチオピア。欧州の国々に長く植民地支配を受けたアフリカ諸国の中で、自国を保ち、その歴史は紀元前まで遡る数少ない独立国である。知恵の象徴、ソロモン王とシヴァの女王の子、メネリク一世がエチオピア帝国の初代皇帝であると伝承上では伝えられ、一時イタリアに占領されるも、国を存続させてきたという点は我が国日本と近く、独自の宗教儀礼や文化、暮らしを築きあげている。

深夜に成田を発つと首都アディスアベバまではひとっ飛びであった。これまで諸先輩方から渡航の苦労話を散々聞かされていたため、少し拍子抜けではあったが、空路の発達のおかげで今はアフリカ諸国にも一昔前より行きやすくなっているようだ。

国の大部分がアビシニア高原[七]を中心とする高地であり、標高二千四百メートルのアディスアベバは、涼しくて過ごしやすい街である。国土の真ん中をアフリカ大地溝帯[八]が走り、他にも降雨による侵食などにより、起伏のある土地だ。機内から見たその大地の様相はとても美しく、窓にはりついて見入っていた。

どの国に行ってもその地の歴史、文化、暮らしなど、知りたいことは尽きない。着いて早々移動の空き時間があり、国の博物館にルーシーの化石[九]もあることを聞いていたのでたち寄ってみたが、珈琲に対する思いが強かったせいか、その展示で強く興味を惹かれることはなかった（もちろん、私の学が足りなかったことがその大きな理

[七]
エチオピア高原とも呼ばれるアフリカ北東部に広がる高原

[八]
「グレート・リフト・バレー」とも呼ばれるアフリカ大陸を南北に縦断する巨大な谷。大陸プレートが東西にわかれた「地球の裂け目」で、幅は三十五〜百キロメートルで、長さは七千キロメートルほど、深さは所によって千八百メートル以上になる。アフリカとアラビア半島をわける紅海からエチオピアの高原地帯を南北に走り、ケニアを通り、タンザニアへ至る。その周辺には土地の隆起により崖や火山、湖が点在している

[九]
エチオピア北部で発掘された三百万年以上前の化石人骨。人類の祖先、アウストラロピテクスの最初期に発見されたものの一つで、全身の四十%がまとまって見つかった貴重な化石。エチオピアは珈琲の故郷でもあり、人類の故郷でもある

由ではあろう）。

それに対して、その後に訪問したアディスアベバ大学構内の小さな民俗博物館は何とも見応えのある施設であった。好感の持てる案内人は癖のある英語で丁寧に展示を案内してくれ、綺麗に並べられた宗教関連の資料から、民画や伝統的な手工芸、各地から寄せられている美しい生活道具まで、圧巻の品々であった。何よりも、そこに鎮座していた珈琲に関わる古い道具の数々が、旅の高揚感をさらに掻きたててくれた。

カッファ

まずは南西部カッファ地方の中心地、ジンマという街に空路で入り、そこから原木の森に近い街、ボンガに向かうことにした。珈琲の発祥の地、つまり原木の森が広がる場所こそがこのカッファ地方である。

珈琲の語源も諸説あるが、古くから珈琲を育んできた「カッファ（Kaffa）」という名前こそがアラビア語の「コーヒー」を意味する「カフア」の語源であるという説がある。このアラビアの飲み物、カフアが飲用の伝播とともに、トルコ語の「カフヴェ」となり、それが「café（フランス語）」、「caffè（イタリア語）」、「Kaffee（ドイツ語）」、「coffee（英語）」、「koffie（オランダ語）」等へと派生していった。

実際には多くの研究者がこの「カッファ」由来説に懐疑的なようである。しかし、現地の人々は皆、カッファこそが「コーヒー」という名前の由来だと誇らしげに話しているのを聞くと、この説が本当かどうかはどうでも良くなってくる。事実かはさておき、どこか控えめなエチオピアの人々が、自らの地に誇りを持っている姿を見るのはとても心地が良い。

ちなみに、日本の「珈琲」とは最初に持ちこんだオランダ人が使っていた「koffie」から当てられた言葉である。幕末の蘭学者、宇田川榕庵が考案した漢字で、「珈」は訓読みで「かみかざり」、玉を垂れ下げたかんざしのこと、「琲」も意味が近く、多くの玉を連ねて作った飾りのことを指す。榕庵は珈琲が木の枝に赤い果実を実らせている様子を、女性が玉かんざしを髪に飾っている様子に重ねて「珈琲」としたようだ。私が頑なに「コーヒー」ではなく「珈琲」にこだわる理由ははっきり説明できるわけではないけれど、この日本人的なフィルターを経て生み出されたこの字に、知らず識らずのうちに美しさを感じているからなのかもしれない。

近代的なアディスアベバに対して、カッファ地方をはじめとしたその他のほとんどの地域では、一般的に想像される「アフリカ」のイメージ通り、質素な生活が広がっている。経済成長率が高いとはいえ、まだまだ世界最貧国の一つであるエチオピア。平均月収は日本の十分の一以下である。

農業に従事する人が多く、全体の三十%以上にものぼり、旅の道中でも開かれた農地とたくさんの農夫、役畜の姿を見ることができる。農業の機械化は進んでいないようで、生産効率は悪いのであろうが、馬やロバを移動・荷運びに使い、牛が畑を耕し、肥やしを得る、動物が人の暮らしと密接に存在する形は、我々の国ではもう見ることができない美しく自然な形の一つだろう。

一方で、現地の案内人によると、国の緑は開拓でどんどん失われているとのことだ。「日本が羨ましい」とまでいっていたので、「いやいや、日本はコンクリートだらけで……」とは返してみたけれど、日本は緑が多いと彼はいう。なるほど調べてみると、地上の森林率が約三十%といわれている中、日本は森林率七十%に近い森林大国だ[十]。先進国ではフィンランドに次いで第二位。いわれてみれば、少し足をのばせば豊かな緑の中に身をおくことができる。当たり前に感じていた自国の魅力も、外に出てみると意外に実感することは多い。

山羊飼いカルディ

ボンガに着いたのは深夜となり、懐中電灯を使いながら宿舎のロッジにたどり着くと、その日はすぐに眠ってしまった。翌朝、鳥のさえずりで目が覚める。外に出ると、ひんやり涼しく綺麗な空気に、明るい日差し。遠くには霧に包まれた山々が見え、夜には見えなかった美しい景色が広がっていた。異国の旅の緊張で一時忘れていた原木の森に向けての静かな高揚感を、再び感じ始めた朝であった。

いよいよ森へと向かう。険しい山道を車で二時間ほど進み、そこから車の入れない道を歩くこと一時間以上。その道中、一人の青年と出会った。この先の村で学校の先生をしているそうだ。聞くと、そこが「山羊飼いカルディ伝説」の村だという。珈琲

[十]「世界森林資源評価」2015年

の飲用の歴史ははっきりとはわかっていないが、その起源説の一つがこの物語だ。フランスに伝わるカルディ伝説とは次の通りである[十一]。

昔、エチオピアのカッファ地方の小さな村にカルディという名の若い山羊飼いがいました。ある時、カルディは山羊達が元気よく踊るように跳ね回っている姿を目にしました。不思議に思ったカルディは山羊達が珈琲の赤い果実を食べているのに気づきます。勇気を出してその果実を口にしてみると、みるみる頭が冴え、爽快な気分となりました。

果実を食べると厄介なことはなくなり、カルディは幸せな山羊飼いとなりました。珈琲の実をかじっては、山羊達と一緒に踊り、幸せに暮らしていました。

ある日、一人の僧が通りかかり、驚きました。そこではカルディと山羊達の楽しそうな舞踏会が行われているではありませんか。

僧がカルディに尋ねると、珈琲の果実のことを教えてもらいます。いつもお祈りの最中に眠くなってしまうことに悩んでいた僧は、この不思議な果実こそ、神が与えてくれたものだと、考えました。

さらに僧はより美味しく食べられないかと考え、果実を炙り、煮たてて飲むことを思いつきます。この「珈琲」は瞬く間に僧の間に広まり、大変なお祈りの励みとなっていきました。さらに国中に広がり、珈琲のおかげでたくさんの人々が元気に過ごすことができるようになりました。

[十一]「All About Coffee」(阪急コミュニケーションズ／ウィリアム・H・ユーカーズ著／1995年)を参考に、物語をアレンジした

あくまで史実ではなく、民話である。その舞台もカッファではなく、古代オリエントだったという意見もあるようだが、このような民間伝承がこの地に根ざしていることには浪漫を感じずにはいられなかった。カッファの人々が珈琲と出会い、何らかの形で利用していたことはほぼ間違いないだろう。カルディの故郷の部落へ向かう青年の背中を見送り、森へと歩みを進めた。

マンキラの森

無心で歩いていると、原木の森は突如姿を現した。一見何の変哲もない樹林である。もちろん、立て札があるわけでも案内があるわけでもない。しかし、ここが世界の珈琲のルーツとなった森なのである。

一歩ずつ足を踏み入れていくごとに、自分の息が深まっていくのがわかる。初めて見る野生の珈琲の群生。そこはそれまで見てきた珈琲農園とは全く異なる景色が広がっていた。

一般的に珈琲の木は適正な間隔で植えて土壌を管理し、収穫しやすいように剪定もする。しかし、この薄暗い森にはそのような手はほとんど加わっていない。蔦が絡まり、苔生し、静かに、細々しくもその生命を全うするように背丈を伸ばしている。木々には果実が実り、それは自然と土壌へ散り、芽生える。土からだけではない。岩から、そして他の珈琲の倒木に落ちた実はそこからも命の芽を出し、生え育っている。何百、何千年、脈々と珈琲の命が受け継がれ、静かに、どこか神々しく生い茂る森は、穏やかだった。

歩みを進めて森の奥深くへ入っていくと、太く、背が高い木が佇んでいるのが目に入った。どこか気を放つその姿に惹かれ、眺めていた。「これこそがマザーツリーだ」と案内人はいう。

この森で一番古い老木。樹齢は二百年以上とのこと。他にも大きく、たくましそうな木はたくさんあったが、マザーツリーはその中に穏やかに佇んでいた。案内人のおじいさんのそのまたおじいさんの代から伝えられているのだそうだ。きっとこれからも伝承されていくのだろう。

マザーツリーとの出会いにも感動したが、それ以上に、古くから命を育み続けている珈琲の森に、自分が今たっていることが何より感慨深いものであった。世界中の珈琲の根源となる野生の森が、静かに今も生き続けている。心が震えた。

カリオモン

余韻に浸りながらまた長い道のりを歩き集落に戻ると、村の人々が珈琲をもてなしてくれた。エチオピアには「カリオモン」[十二]と呼ばれる風習がある。古くから伝わる珈琲を嗜む習わしで、ただ嗜好品としての珈琲を飲むというよりも、年配者に敬意を示し、日常の生活や他者に対する感謝ともてなしの心を示す精神的、文化的要素を

[十二]
コーヒーセレモニーとも呼ばれる。
「カリ」は「珈琲」を、「オモン」は
「ともに」という意味を表す

含んだ習慣だ。客を招く時や冠婚葬祭の際にも行われる。その作法やおもてなしは日本の茶道に近い精神を感じるが、決して格式張ったものではなく、普段の生活に根づいている。これは女性の仕事で、家庭の味として家々に伝えられていく。女性はカリオモンができて一人前なのである。

儀式には一連の作法がある。青草を敷き、炭火を起こして乳香を焚き、香りや薬効で客人をもてなすことから始まる。

珈琲の生豆は研ぐように洗い、それをフライパンのような鉄板と混ぜ棒を使ってじっくり豆を煎る。珈琲の香りが広がり、鼻をくすぐる。煎りあがった豆は客人に回し、香りを嗅いでもらう。その珈琲豆を今度は木製の小さな臼を使って細かく砕く。珈琲ミルなどは使わず、同じく細い木製の杵でつき、細かくしていく。ざくりざくりと響く乾いた音を愉しむのが趣向のようだ。その間には伝統的な素焼きのポット「ジャバナ」で湯を沸かしておく。湯気がジャバナの口から吹き始めるのを確認して、そこに砕いた豆を入れて引き続き五分ほど煮出し、その後敷台にポットを移し、ゆっくり、粉が沈むまで落ち着かせる。

上澄みの珈琲はお猪口のような取手のない小さなカップに注がれ、三煎目まで嗜まれる。一煎目は「アボル」と呼ばれ、一番香り豊かで格別の珈琲だ。注ぎ終わった後は同様にジャバナに再度水を注いで沸かし、二煎目の珈琲「トナ」を作る。三煎目は「バラカ」といい、これを飲みほし、一連の儀は終わる。珈琲には砂糖やバター、塩などを入れる場合もある。

時間としては二時間以上。五感を総動員して愉しむこの儀式を一日数回行うこともある。聞くと、この時間が社交の場としてとても大切なのだという。格式張らず、珈琲を飲みながら皆で会話して笑い合い、交流するカリオモンの時間がしっかり生活に組みこまれていることが、互いに信頼し合い、支え合う生活へとつながっているのかもしれない。

エチオピアに来て驚いたこと。それは「珈琲がちゃんと美味しい」ということ。珈琲の生産国だから当たり前だと思われるかもしれないが、一般的に換金植物である珈琲は消費国のために作られ、自分たちで（特に貧しい地方では）それらを愉しむという文化は稀なことで、品質の高い豆のほとんどは消費国へと送られる。そのため、本場に行ったからといって美味しい珈琲が飲めるわけではないのが、日本の農作物とは異なる点だろう。

多くの珈琲栽培は欧州の植民地化から始まっていて、消費用、もしくは輸出用として自国を潤すために、植民地で珈琲を作らせていたのが起源である。しかし、人が住む前から珈琲が自生していたエチオピアでは、欧州で珈琲が飲まれる以前から珈琲を飲用する文化があり、昔から自分たちが収穫した豆を飲んでいた。日本の珈琲屋と比べると、煎り方、淹れ方、ともに大まかで雑な味わいは多いのだけれど、それでもちゃんと美味しい。飲用文化の長い歴史と原生種のポテンシャル、そして鮮度が関係しているのだろう。

偽バナナ

エチオピアの珈琲のほとんどは小さな農家によって作られている。農園主がいて、その下で働く人がたくさんいる「珈琲農園」はあまり存在しない。庭のような小さい農地で他の収穫物と合わせて栽培していたり、自生の珈琲の林の中で少し手を加えながら管理して収穫したりと、実に小規模だ[十三]。特別な認証を受けてはいないが、ほとんどは化学物質を使うことなく有機栽培されている。収穫後、土を掘り起こし、肥やしをまき、下草刈りをしながら栽培している。また、「エンセーテ」と呼ばれる植物がエチオピアの珈琲栽培にとってはとても有用で、モカ珈琲とは切っても切り離せない存在だ。

この植物はバナナの木に姿形が似ていることから「偽バナナ」と呼ばれ、南部シダモ地方を中心として栽培されている。その果実は食用とされず、肥大した葉や茎に蓄えられたデンプンを食用として利用している。テフ[十四]などの穀物と並んで多くの民族の主食となっている作物だ。

シダモの旅の途中で、農村の家にお邪魔する機会があった。シダモハウスと呼ばれる茅葺で土壁の円形住居。自分たちで作っているその建物は外から見ると侘しい家なのだが、中には余計なものがない作りで、その質素で美しい空間が強く印象に残っている。山羊や馬などの家畜が同じ屋根の下で飼われ、居間には原始的な竃《かまど》がある。外には珈琲と偽バナナが混栽されており、肥大した葉を落とし、そこからこそぎ落

[十三]
エチオピアの珈琲栽培は、農家が他の植物と混栽して低密度で育てるガーデン・コーヒー（五十%）、半野生の珈琲に土壌や簡単な選定を行なって育てるセミ・フォレスト・コーヒー（三十五%）、マンキラの森のような野生の珈琲の木から摘み取るフォレスト・コーヒー（十%）、大小様々な管理されたコーヒー農園で栽培されるプランテーション・コーヒー（五%）の四つのタイプに分けられる

[十四]
インジェラと呼ばれるエチオピアの主食の原料

とした澱粉質を葉でくるみ、土の中で発酵させ、食用としている。木製の器で発酵させたものに水を加えて練りあげ、薄暗い部屋の中で煌々と輝く焚き火の上で、それらを薄く焼いてパンのようなものを作り、振舞ってくれた。煙に燻されながら、手早く作りあげる丁寧な仕事に見入ってしまった。

「コチョ」と呼ばれる厚いクレープ状に焼きあげられたその食べ物は南部地域の主食となっている。素朴ながらも、チーズのような香りと酸味、北部で採れる岩塩の塩味のアクセントが癖になる味わいで、腑抜けた味のインジェラ[十五]ばかり食べていた私にとって、コチョはとても有難い食事であり、記憶に残る味となった。

偽バナナは食物として利用されるだけではない。茎の繊維は袋、マットなどを作るための紐や縄に、絞り汁は乳児の健康飲料に、乾燥させた粉末は薬として、余すことなく利用される。

ともに栽培する珈琲は偽バナナの保水力により土壌が良くなり、生育を促進させられるだけではなく、微生物の環境も整えることで、珈琲の風味にも特徴を与えるのだという。モカ珈琲と深く関わる植物、偽バナナ。なんと理にかなった作物だろう。

イルガチェフェ

珈琲の故郷、カッファ地方を発った後、一度アディスアベバに戻り、再び飛行機と車で数時間かけて、南部のシダモ、イルガチェフェへと向かった。この名前は珈琲が

[十五]
エチオピアの主食として食べられている食事。イネ科の植物であるテフの粉を水に溶き発酵させて、鉄板上でクレープ状に焼きあげて作られたもの。ワットと呼ばれるシチューをつけて食べる。発酵による独特の酸味としっとりとした食感が特徴的

好きな方なら聞いたことがあるかもしれない。

エチオピア南部シダモ地方は優良な珈琲の産地として知られているが、隣り合うイルガチェフェという小さな地域で収穫、加工された豆は他の地域とは異なる華やかな香味を持つ。私も多くの豆をこの土地から仕入れている。

「イルガ（Yirga）：護る、保つ」「チェフェ（Chefe）：草、水」。川が流れ、緑が豊かで、水を多く保つ土地、イルガチェフェ。そして、その豊かな水を使って水洗式精選を行っているのがこの地域の特徴である。この技術は昔からの乾燥式の精選方法が主流のエチオピアの中で、約二十年前に品質向上のための大きなプロジェクトによって導入された経緯がある。その後みるみるとファンを増やしていった。

風味の虜になっていたイルガチェフェの珈琲。ここでも例に漏れず小規模農家によって生産され、それらの豆が大きな加工場（精選所）に集められる。そこからさらに、たくさんの労働者によって水洗処理作業が行われる。

加工場は広大で、山の斜面に沿って洗った豆を干す乾燥台が広がり、その中心部には川の水を引いて作った水洗処理の施設がある。その広い土地の所々で仕事に精を出す労働者の姿が見られた。男性たちはブラシで豆を水洗いする力仕事を、女性たちは祈りの歌を歌いながら乾燥された豆を丁寧に選別している。田植え唄を歌い、労働を紛らせながら、恵みをもたらす田の神の訪れを祈る日本の原風景とはこのようなものだったのだろうか。

美しい歌声が響き渡る中、単調な作業にひたむきに勤しむ姿はどこか荘厳さすら感じられ、胸に迫るものがあった。決して楽とはいえない単調作業をこなす彼らの仕事に対する深い感謝の気持ちで一杯となり、気が引き締まった。優れた風味の背景には、気候風土や珈琲の木自体の力に加え、労働者達の丁寧な仕事によって、美味しさは作られているのだ。

民衆的な珈琲

この旅で、原木の森、そして、様々な生産地を訪ねながら、民衆の生活に触れる中で、新しい視点からエチオピアの珈琲の魅力を感じ取ることができた。

何より、原生種の力強い素質に加え、豊かな土壌と気候風土による「意図的ではない自然な美味しさ」に驚かされた。消費国のグルメ欲求は強く、高尚な嗜好を意識して、世界の珈琲生産現場でも新しい技術や品種管理が行われ、特別な美味しさを作り出そうと模索している。その努力により生まれる風味も非常に興味深いのではあるが、エチオピアの珈琲からは全く異質な魅力が感じられるのだ。

エチオピアでは珈琲は、人が住み始める前からそこに自生している。人間は土着の珈琲の木と共生し、飲用として暮らしに取り入れ、生活の糧にもしてきた。化学肥料は使わず、土壌を良くする他の有用な植物を植え、自然に近い形で育てる。その上で小さな農家、労働者たちの、無心な、そして美しい手仕事により、質の高い珈琲豆が生産されている。

かといって、珈琲ばかりに執着しすぎず、偽バナナなどの他の作物もともに育て、それぞれを食料や薬、時には繊維や建材にし、衣食住に役だて、全てを無駄にしない。そして、暮らしの中ではどの作物をも欠かしてはいけない。その一つが「珈琲」であり、「カリオモン」の習慣なのである。

脈々と受け継がれ、研ぎ澄まされてきた、自然の恵みと共存する暮らしの中にある珈琲。中南米の先進的な栽培、加工を経た珈琲を装飾的で華がある美しい食器に例えるならば、エチオピアの珈琲は、民衆によって用の美から生み出された民藝品といったところであろうか。人の暮らしと密接に存在することで、自然と生まれてきた素朴な美しさを、モカ珈琲にも感じるのだ。

幾分抽象的となってしまうが、そのような他にはない民衆的な珈琲こそが、華美に整いすぎないモカの滋味深い味わいの根源なのだろうと、私は思う。

珈琲屋の嗜み

家で愉しむのも良いが、珈琲屋で淹れてもらう珈琲はやはり良い。それはきっと珈琲が単なる「味」としての美味しさだけではなく、独特の空間と時間が流れる「喫茶」を愉しむ行為自体に、また異なる精神的な役割があるからだろう。

丁寧な暮らしには憧れるが、私はまだまだ未熟だ。忙しなく、またたく間に時間が過ぎていってしまう。それでもせめて日々起こる一つひとつの出来事をしっかり噛み締め、前に進むことは大切だと思っている。丹精こめて作られた美味しい料理を飲みこむように喰らってしまうのでは味気ない。せっかくのご馳走はゆっくり味わいながらいただきたい。生活も同じように、バタバタと日々の仕事や雑務に追われ感情の浮き沈みが激しくなっていると、この儚く愛おしい人生をあっという間に平らげてしまいそうだ。

私にとって珈琲屋に足を運ぶ理由は、少したち止まって、嬉しいこと、苦しいこと、愉しいこと、悲しいこと、生きている中で感じるその時々の様々な感情を咀嚼し、その上で心をニュートラルな状態に戻すためなのだろう。そこに美味な珈琲があることで、思考の時間がより深くなり、その先の「無心」の境地へと導いてくれる。煌びやかな菓子や手のこんだハレの場の料理は人の気持ちを高揚させるが、珈琲にはまた異なる役割があると思っている。安堵感というか、優しさというか、もっと穏やかな感情を与えるもの。もしかしたら、それは外来の嗜好品が日本の文化に揉まれて生まれた、独自の役割なのかもしれない。

少し疲れたら、息を整えるように、珈琲屋の扉を開く。そこには静かな時間と美味しい一杯の珈琲があれば良い。都会に住んでいると特に思うが、静かな時間を過ごせる場所は意外と少ない。ゆっくりと腰をかけて、一息つき、注文する。そこから提供されるまでは少し時間がかかってくれたほうがなお良い。パパッと出てきたのではいささか味気がない。一杯を飲みきるまでの短い時間全てをゆっくり味わいたいのだ。その間は耳をすます。静けさの中にもドリップの滴る音、薬缶から出る湯気の音、磁器の置かれる甲高い音、色んな美しい音色が広がっているはずだ。

さて、珈琲が運ばれてくる。一口舌に転がすと、苦味の後に続く複雑でふくよかな香りがゆっくり鼻に抜けていく。好きな珈琲を飲むと、この瞬間思わずため息が出る。一口、また一口とゆっくりと飲み進めていると、色んな感情が自然と湧きあがってくるものだ。人の目を気にせず、目を瞑ってしまうこともある。何も考えなくても良い。静かに、珈琲を飲むだけでもいい。その時間だけは背負っている色んな荷物を降ろして、無になれる時間。平穏な心持ちに還ることができる。珈琲屋を出る時には、なんだか背筋がのび、前向きで清々しい気持ちとなっている。時には勇気をもらえる場所となる。私にとって珈琲屋は忙しいからなかなか行けない場所ではなく、忙しいからこそいかなければならない場所なのである。きっと私だけではないだろう。

馴染みの珈琲屋があると人生が豊かになる。私がそういう珈琲屋に自分もなりたいと思い始めたのは学生時代のことだ。当時から協調性が無く、天邪鬼な性格で、皆が集まるところに行くのは苦手だった。嬉しいこと、悲しいこと、何かあった時に決まって一人逃げこんでいたのが街の喫茶店。そこには静かな時間と美味しい珈琲があった。それらはいつも自分の味方になってくれた。

珈琲と喫茶店の時間に自分が助けられていたように、自分もこのように誰かの役にたちたいと思い、珈琲の道に入っていったのは自然なことだった。手回し焙煎機で珈琲を焼きはじめ、その後は小型の焙煎機で焙煎したものを、少しずつ飲食店で使っていただけるようになった。本当に有難いことだ。それから十五年以上経った今は東京・台東区の縁あった下町で「蕪木」という珈琲屋を営んでいる。屋号は自分の苗字そのまま。格好良いといわれることはないけれども、野暮ともいわれない。随分味気なくはあるが、自分らしく潔いとも思っている。最初は「蕪木珈琲」にしたかったけれども、同じようにチョコレートを作ることにも力を注いでいるし、「蕪木珈琲チョコレート」では長すぎる。珈琲とカカオに共通する「焙煎」に注目して「蕪木焙煎所」なんて名前も考えたが、珈琲豆やチョコレートの「商品」だけでなく、自分が大切にしている喫茶の「時間」も皆に大切にしてもらいたい。ああだこうだ考えているうちに、結局全て削られて「蕪木」に落ち着いた。

静かな美しい珈琲屋には散々助けられていたが、それにしても自分で店を運営する側になると、美味しい珈琲を作り出すのはもちろん、静かな清々しい時間を作ることの難しさを痛感する。今まで私が様々な珈琲屋で感じてきた静かで豊かな時間というものは偶然あったのではなく、店に私が「守られてきた」時間なのだと今では感じることができる。違和感があるほど静かすぎると、緊張しすぎていけない。良い時間の店は全てに神経が張り巡らされ、良い塩梅に整えられ、守ってくれている。だから、静かな珈琲屋はとても有難いのだ。

そんな理想の喫茶店は、学生時代に過ごした盛岡の街にいくつもあった。盛岡という町に何があるのかといわれると、とっさに一言で返せないけれど、大切なものは何でもある街、住んでいて心地良い街であった。遠くには雄大な岩手山の眺め、街中には清らかな中津川が流れ、秋には鮭がのぼり、冬には白鳥が羽を休める。街には映画館と小さな書店。そして、魂のこもった珈琲屋がいくつもあるのが嬉しい。

盛岡人は皆、贔屓の喫茶店を持っていた。私も好きな喫茶店、珈琲屋があるが、その中でも「六分儀」で過ごす時間はかけがえのないものであった。好きだったといっても、いつも通っていたわけではない。ごくたまに、貧乏学生のなけなしの五百円を持って伺うだけであったが、それでも強く記憶に残る珈琲屋だ。静かな店内にはシャンソンがレコードで流れ、控えめな店主が奥で珈琲を淹れてくれる。店に入ってくる人は皆、思い思いに静かな時間を過ごしていた。漆喰の壁は四十年以上の歳月で茶色くくすみ、そこには古時計や店名にもなっている六分儀が飾られている。六分儀とは船乗りが太陽や月を測りながら自分の位置を知る、航海するための道具のこと。その名の通り、どこに向かうかを見失いかけながらも、人生の航海の中で船を漕ぎ始めていた若い自分が、珈琲を飲みながら、生き方をぼんやり見つめていたように思う。知人から六分儀の閉店の知らせを聞いたのは二〇一七年の冬のこと。寂しさを感じるとともに、ほとんど誰にも知らせずにすっと幕を引いた潔い店の閉じ方に美しさすら感じた。その空間を使う人を探しているのを聞いて紹介いただいたのは、それから半年以上経ってからのこと。あの場所にもう一度明りを灯すことができる喜びと、当時の逃げこんでいた自分と同じような人の助けになりたい、そんな思いから、「六分儀」は「羅針盤」と名を変え、私が舵を取らせていただくこととなった。不思議な巡り合わせだが嬉しいご縁。またどこかの誰かが、「羅針盤」で珈琲を飲みながら、「これまでのこと」「これからのこと」について静かに考えるような時間を過ごしてもらえたら、それは嬉しいことだ。

偏った珈琲屋の愉しみ方ばかり書いてしまったが、もちろん純粋に珈琲を味わいにいくのも良い。仕入れ、焙煎、抽出、その組み合わせや手法によって千差万別の珈琲が作られる。何より珈琲屋で飲む一杯の珈琲には、味、空間、間合いなど、その店が持つ思想が詰まっているもの。珈琲をラベルや珈琲豆の情報だけで味わうのはどこか無機質で勿体ない。「あの店のモカを飲みに行こうか」「今日は彼のブレンドを味わいに」。何もない日にはそんな形で魂のこもった味を愉しみに行くといい。今、そう考えているだけで、幾人もの店主の優しい表情が浮かんでくる。今も彼らは黙々と珈琲と向かい合っているのだろう。その先にあるお客様の喜びや癒しを想いながら。今日はどこの店の扉を開こうか。

四章

珈琲を愉しむ

珈琲は自由だと思います。濃くても、薄くても、砂糖を入れたっていい。自分が良いと思う珈琲が一番美味しいのです。料理に家庭の味があるように、その人それぞれの珈琲の味があるのは、とても愛おしいことだと思います。私が好む淹れ方や、飲み方など、少し紹介させてください。美味しそうな珈琲と出会った時、素敵な菓子をいただいた時など、参考になれば幸いです。

様々な抽出

同じ珈琲でも時間や心情によって欲する珈琲は異なるもの。キリッとした一杯が飲みたい時もあれば、優しいさらりとした味わいを求める時もあるでしょう。その時々の気分に応じて、飲みたい珈琲が淹れられるようになったら、素敵なことです。

一章では少し堅苦しく抽出の基本と理論を説明しました。ここでは私が良く使っている四つのレシピをご紹介します。淹れ方に迷っているならば、まずはいくつかの珈琲豆を使って次の四つの珈琲を淹れてみると、好きな淹れ方や濃度がわかるかもしれません。

軽やかな味わいを愉しむ「淡味抽出」。とてもやわらかい味わいを表現することができます。さらりとした珈琲は優しい時間を引きたててくれるでしょう。

こっくりとした甘みとコクを愉しむ「中庸抽出」。一章でも紹介した淹れ方ですが、しっかりとした苦味を感じつつも、あと切れの良い抽出で、幅広いシチュエーションに合わせやすい珈琲です。

深煎り好きの方がしっかりとした苦味やコクを求めるならば、「濃厚抽出」を。豆を贅沢に使った濃度のある珈琲は少しずつ口の中に広げて愉しむのが良いでしょう。

さらにたっぷりと豆を使い、抽出の初めに滴るエキス分のみを集める「デミタス抽出」。特別な珈琲をデミタスにして愉しむだけでなく、カフェ・オ・レや他のアレンジコーヒーを作る際にも、とても役だつ抽出方法です。

私は浅煎りや中煎りの酸味が強く残っている豆ほど、軽めの「淡味抽出」で、深煎りで酸味が穏やかになった豆ほど、濃い目の「濃厚抽出」を行うことが多いです。ただ、体が軽めでドライな珈琲を求めている時は深煎りをあっさり淹れることもありますし、お客様の中でも、キュッと酸味が引き締まった浅煎りのデミタスを好まれる方もいらっしゃいます。

これらの淹れ方を参考にして、色々と試していただくと、少しずつ、淹れる珈琲の着地点が想像できるようになってくるでしょう。そうなれば珈琲の嗜みはとても深くなるものです。その時々の心に寄り添う珈琲を淹れていただきたいと思います。

レシピについて

・湯温は、わざわざ温度計で測る必要はありません。あくまで目安にしてください。沸きたての湯を他のケトルなどに一回移すと九十度強になります
・粉量／抽出量／抽出時間目安／材料の〔 〕内は二人分です
・店のブレンド珈琲を掲載しているレシピもあります
・あまり難しく考えずに、あくまで参考程度にご覧ください

淡味抽出

朝には明るい珈琲を

綺麗な日が差し込む朝は、すっと体に染み入る淡い味わいの珈琲を淹れると気持ちが良い。

酸味が輝くさらりとした珈琲は、明るく穏やかな気分にさせてくれる。

朝こそ丁寧に淹れて、一日を気持ち良くスタートしたいと思う。

レシピ

豆――ブレンド「オリザ」〔※〕
精選――ウォッシュド、ハニー
焙煎――中〜中深煎り（ハイ〜シティ）
粉量――15g〔25g〕
抽出量――120cc〔240cc〕
抽出時間目安――1分半〔2分半〕
湯温――90〜95℃

優しい味わいを欲する時に。使う豆の量が少ない分、成分が溶けやすいよう、湯温も高めで良い。浅煎りや中煎りで酸味が強い珈琲は、さらに豆の量を減らして十から十三グラムでも。浅煎りを濃く淹れてしまうと、酸味が尖って感じやすいが、このくらい濃度が薄いと、酸味もやわらかくなり、華やかな香りやフルーティーな香りを心地良く感じることができる。「酸味が強い珈琲が苦手」という方も新しい美味しさを発見できるかもしれない。逆に、極深煎りの珈琲は濃度がないと独特のスモーキーな香りが浮ついてしまうのでおすすめしない。使用している豆はブレンドの「オリザ」。エチオピアとケニアのブレンドで、綺麗な明るい印象の酸味と華やかな香味が特徴。

［※］
独特の華やかで鮮やかな味わいと凛とさせる輝きを纏わせたく、エチオピア主体に作りあげたブレンド珈琲です。「オリザ」とは稲の学名。秋に黄金色に輝く田園風景の美しさや、恵みの象徴である稲穂。そんな美しい珈琲を作りたいと思いました

中庸抽出

午后の精悍な珈琲

気持ちを引き締めたい時にはキリリとした珈琲を。
しっかりとした苦味と甘み、凛々しい酸味。
味わううちに呼吸が深まり、
飲み干した後は清々しい気持ちになる。
重い腰もいつの間にか軽くなっているものだ。

しっかりとした濃厚感を求める時に。キレのある飲み応えの珈琲にするためには、豆の量を増やすと良い。ゆっくり淹れることで濃度を出すには限度があり、コクの強い印象をつけるためには一杯二十グラムは珈琲豆を使いたい。

使用した豆は深煎りのケニアが主体のブレンド「珀」。ケニアの豆はカシスのような果実味が特徴であるが、焼きこんでチョコレートのような芳醇な香りと苦みを纏った深煎りの豆は酸味が穏やかになりながらも複雑味と奥行きが生まれる。少し濃い目に淹れて、甘み、コクを堪能できる。他にもグアテマラやコロンビアの深煎りなど、苦味が強めで穏やかな酸味のある珈琲にはこの淹れ方がおすすめ。

レシピ

豆――ブレンド「珀」[※]
精選――ウォッシュド、ナチュラル
焙煎――中深〜深煎り（シティ〜フルシティ）
粉量――20g〔30g〕
抽出量――120cc〔240cc〕
抽出時間目安――2分〔3分〕
湯温――90〜95℃

［※］
琥珀のように、澄んだ中にも深い奥行きを持つ味わいを表現したブレンド珈琲です。同じケニア産の珈琲豆を異なる焙煎を施し、再度ブレンドする。そんな手法で作りあげました

濃厚抽出

黄昏の深煎り

疲れた体には麦酒も良いが、疲れた心には、
深煎り珈琲の甘苦さが染み入る。
重く沈んだ味わいの珈琲は、
魂を鎮めることができるというと大袈裟だろうか。
深紅の液体を覗きながら、様々な物事に
思いを馳せる時間はとても大切だ。

レシピ

豆――ブレンド「羚羊」〔※〕
精選――ナチュラル、スマトラ式
焙煎――深煎り（フルシティ）
粉量――25g〔37g〕
抽出量――120cc〔240cc〕
抽出時間目安――2分半〔3分半〕
湯温――85〜90℃

深煎りの珈琲はあっさり淹れると苦みが浮ついてスカスカした味になりがち。しっかりとした濃度を与え、深煎り独特の甘苦さを纏った濃厚な珈琲として愉しみたい。どっしりとした重厚な味わいを求める時には贅沢に一杯二十五グラムくらいの珈琲豆を使って、いつもより抽出量も少なめにすると良い。少量ずつ口に含み、じわりと広がる味わいをゆっくりと愉しむことができる。少し湯温を低めることで、濃厚感はありながらも、苦味の強い刺激は少ない円みのある味わいとなる。珈琲豆はエチオピア・イルガチェフェとインドネシア・マンデリンの深煎りを主体とした「羚羊」というブレンドを使用。重たさを持たせることで、特有のエキゾチックな風味がより引きたつ。

［※］
ある時、東北地方の森で羚羊と出会いました。静かにこちらを見つめる羚羊はどこか神々しく、背筋がすっと伸びるような、神秘的で美しい時間でした。そんな奥ゆかしい情景から生まれた、気品のある芳醇な薫香を持つ深煎りブレンドです

デミタス抽出

思索の時間

贅沢に豆の量をいつもより増やし、
抽出時の一番濃い部分のみを集めたデミタス珈琲〔※〕。
ウィスキーをストレートでゆっくり愉しむように、
少量ずつ舌の上で転がして、
思索に耽る時間に嗜んでいただきたい。

レシピ

豆――エチオピア・ハラール
精選――ナチュラル
焙煎――深煎り（フルシティ）
粉量――30g〔50g〕
抽出量――50cc〔100cc〕
抽出時間目安――2分〔3分〕
湯温――80～85℃

濃厚抽出よりもさらに濃厚。ドリップ抽出は初めに落ちてくる液体が一番濃厚で美味しさが凝縮したエキス。その味わい方は熟成された蒸留酒の嗜みに近いものを感じる。五十ccという極少量ではあるが、その一滴からも豊かな香りが広がる贅沢な愉しみ方。苦味、渋み、全てを落としきってしまうエスプレッソとはまた異なる魅力を持つ。砂糖を入れてくいっと飲んでしまうのはもったいない。少しずつ口に含み、ゆっくり味わうことをおすすめする。珈琲豆は独特のナッツや蜜を思わせる香りを持った深煎りのエチオピア・ハラールを使用。デミタスにすることで特有の凝縮した甘苦さを堪能できる。

［※］
フランス語で「半分のカップ」を意味する（demi：半分の、tasse：カップ）。このカップにそそいだ濃厚で少量の珈琲のことを一般的にそう呼びます

他の嗜好品とともに

　珈琲だけをゆっくり嗜む時間もあれば、他の食べ物と一緒に愉しむことも多いかと思います。「珈琲と菓子」は切っても切り離せない関係です。菓子に合わせて珈琲を選んだり、淹れ方を変えたりすることで、美味しさの相乗効果が生まれますし、組み合わせ方を意識することで愉しみがさらに深まります。組み合わせ方によっては、もともとあった珈琲の良さが隠れてしまうこともありますが、しっくりはまると、互いの良さが引きたち合い、新たな美味しさが生まれます。ここでは珈琲を他の嗜好品と合わせて愉しむにあたっての、選び方、淹れ方のちょっとしたこつをお伝えします。

　意識してもらいたいのは、「似た者同士を合わせること」。互いにない味を補い合うのではなく、性質の似ているものを組み合わせると、それ以外の部分が引きたって感じられるようになります。具体的に珈琲を用意する時に意識してもらいたいのは、「風味の質」と「濃さ」。上等な菓子と出会った時はこれらを意識して美味しい組み合わせを愉しんでいただきたいと思います。

　珈琲は幅広い香りを持っています。フローラルで上品な香り、ナッティな香ばしさ、フルーティーな明るい香りなど、豆の種類による香りの違いもあれば、焙煎をすることで生まれる香ばしさなど、豆によって含んでいる香りの質が異なります。その香りを意識して、合わせる菓子に似た「風味の質」を持つ珈琲を選ぶことで、互いの香りが引きたち合いやすくなるのです。似た風味を含むと、その部分が同調して全体的にまとまりが生まれ、さらに奥に隠れている風味さえ感じられることも。食後の余韻もとても素晴らしいものになるでしょう。

例えば、カシスやベリーを使った果実感のしっかりしたタルトであれば、珈琲は深煎りのものよりも、酸味があり、明るくフルーティーな印象を持った珈琲が合うでしょう。珈琲単独では酸味が強いと感じていても、フルーツの酸味と合わさることで角が取れ、酸味の印象に隠れてわかりにくかった香りも引き出され、タルトの果実味もより鮮やかに感じられるようになります。逆に酸味の少ない深煎りと合わせると、深煎り特有のスモーキーな香りが浮いてしまい、タルトの酸味も尖りがちです。チョコレートを使った菓子であれば、同じように甘い香ばしさ、カカオの香りにも似たロースト感を持った深煎りの豆が良く合います。深煎り豆、チョコレートのそれぞれが互いに引きたち合うでしょう。

風味の質が似たものを揃えた上で、珈琲を淹れる時にも、「濃さ」を意識するとより調った味わいとなります。例えば、チョコレートやバターをふんだんに使った濃厚な菓子には同じように濃度のある珈琲が合います。軽めに淹れると珈琲の繊細な香りは菓子の力強さに負けて隠れてしまうことに。豆の量を多く使う、もしくは抽出量を少し減らして濃厚な珈琲にすると、菓子の力強さを受け止めることができます。逆にスフレやスコーンなどの軽い焼き菓子には、軽やかな珈琲がおすすめです。

チョコレート

艶やかな珈琲は色気のある無垢チョコレートと良く似合う。
小さく割ったチョコレートを
舌の上でゆっくり融かしながら香りの起伏を感じ、
残り香と合わせて濃厚な珈琲を口の中に広げる。
何と贅沢な時間だろう。

レシピ

豆――エチオピア・イルガチェフェ
精選――ナチュラル
焙煎――深煎り（フルシティ）
粉量――25g〔37g〕
抽出量――100cc〔200cc〕
抽出時間目安――2分半〔3分半〕
湯温――85〜90℃

油脂分を多く含むチョコレートには、力負けしない濃厚な珈琲を用意したい。ビターでロースト感のあるチョコレートにはエチオピアの深煎りを濃厚抽出した珈琲を合わせた。ナチュラル特有の華やかな風合いと深煎りのコクがチョコレートの複雑味を引きたてる。カカオも珈琲同様、様々な香りを含む。その香りの質と合わせた珈琲を選び、抽出すると良い。さらに力強く、香りを覆い隠してしまいがちなミルクチョコレートには、珈琲もより濃厚なデミタス珈琲やカフェ・オ・レを。

くるみクッキー

昔も今も盛岡に行くと必ず買ってしまう、
優しい味わいのくるみクッキー。
そのまま食べてしまうのはもったいない。
素朴な菓子も丁寧に淹れた珈琲と一緒に愉しむことで、
その時間がとても贅沢なものに。

レシピ

豆――グアテマラ
精選――ウォッシュド
焙煎――中深煎り（シティ）
粉量――15g〔25g〕
抽出量――120cc〔240cc〕
抽出時間目安――1分半〔2分半〕
湯温――90～95℃

くるみの香ばしさやキャラメルの甘い香りは珈琲が含む香ばしさととても相性が良い。特にカラメルのような甘みとコクがしっかりしたグアテマラ産の珈琲は綺麗に寄り添ってくれる。素材感のある焼き菓子には、珈琲もあまり重くせずに淡味抽出で淹れると良いだろう。グアテマラやケニアの珈琲が持つ甘い香りは他の菓子とも幅広く合わせやすく、飲み飽きない珈琲が多い。

トースト

旅に出ると、ついつい喫茶店を探してしまう。
朝にはやはり、トーストと珈琲とゆで卵。
喫茶店で愉しむモーニングを彷彿とさせるこの組み合わせを、
無性に家で食べたくなる朝がある。

レシピ

豆——ブラジル
精選——ナチュラル
焙煎——フルシティ（深煎り）
粉量——20g〔30g〕
抽出量——120cc〔240cc〕
抽出時間目安——2分〔3分〕
湯温——90〜95℃

ブラジルの珈琲の魅力は何といってもナッツやチョコレートを思わせる香ばしさにある。濃く淹れてそれだけを愉しむのも良いけれど、粉物の菓子やパン類ともとても相性が良い。少し焼き過ぎて軽く焦げついた厚切りのバタートースト。それを噛んだ時の香ばしさと、その後に口に含むブラジルのナッティな風味とほろ苦さの相性がたまらない。

ウイスキー

チェイサーに珈琲を用意することがある。
休日にゆっくり時間をかけて
この組み合わせを嗜む時間は格別だ。
これまた、思索に耽る時間にはうってつけ。
ウイスキー、珈琲と飲み重ねるごとに、
深く沈みこんでいく感覚になるのがたまらない。

レシピ

豆——インドネシア・マンデリン
精選——スマトラ式
焙煎——深煎り（フルシティ）
粉量——30g〔50g〕
抽出量——50cc〔100cc〕
抽出時間目安——2分〔3分〕
湯温——80〜85℃

ウイスキーのストレートのように、少しずつ舌に転がして愉しむ濃厚なデミタス珈琲をチェイサーとして準備した。特にマンデリンの樹皮や植物、ハーブを思わせる複雑な香りは少しピートの効いたウイスキーの余韻と調和して、見事な複雑味を奏でてくれる。シングルモルトのウイスキーと相性の良い珈琲を探すのも、コニャックやカルヴァドスと華やかな香りの浅めの焙煎の珈琲を合わせても心地良いだろう。

バリエーション珈琲

　ある時、淡々と流れる詩的な映画を見た後に、その余韻に浸りたく、近くで喫茶店を探しましたが、二十一時を過ぎた時間に営業している店はなく、たまたま近くにあったバーに入ることにしました。珈琲が飲みたかったのもあり、ふとアイリッシュ珈琲を頼んでみると、なんと優雅で深く甘い味わいだったことか。映画の余韻とともに、その味が記憶に強く刷りこまれています。その他にも、ウィーンで飲んだ拍子抜けするほどに素朴なアインシュペナー、北国で雪が降る中駆けこんだ喫茶店の平和的なカフェ・オ・レの優しさ、様々な珈琲の味わいが当時の感情とともに記憶として残っています。

　珈琲は個性が強くあるけれども、他を消したりはしない懐の深さがあります。珈琲はブラックで飲むのが一番、ミルクや砂糖を入れるなんて勿体ないと思っていたことがありましたが、やはりそれぞれの流儀があり、珈琲を一つの原料と捉えた創作物としてのアレンジ珈琲は奥深い世界です。今では、たまに珈琲をアレンジすることも愉しみの一つとなっています。

　砂糖は、苦味の尖った刺激を和らげる作用があります。エスプレッソを飲む時は砂糖を入れて飲むのが一番美味しいと思います。若い頃、バールに憧れて初めてイタリアに行った時に、砂糖を入れずに飲むと、イタリア人の友人に信じられないと驚かれたのは今でも忘れられません。それ以来、エスプレッソは砂糖を多めに入れて、凝縮された甘さをクイっと味わう。その美味しさを知るようになりました。

ジャスミンのような華やかな香りを持つエチオピアのイルガチェフェの珈琲に砂糖を入れると、苦味の印象が和らぎ、華やかな香りが助長され、とても甘美な珈琲となります。酒と合わせたカフェ・ロワイヤルとしてたまに愉しんでいます。

クリームやミルクはやわらかくリッチで優しい印象を広げてくれます。私の店でも「琥珀の女王」や「アイリッシュ珈琲」など、クリームを使った珈琲も提供しています。どちらもクリームを浮かべていますが、口の中に広がる濃厚な珈琲感とまろやかなクリームの不均一な風味の織りなす味わいはやはりそこにしかない魅力です。

酒と珈琲というのも魅力的な組み合わせでしょう。ウイスキーでも、ブランデーでも、珈琲の香りとの調和はいわずもがなですが、感情に働きかける酒と、理性に働きかける珈琲を合わせた時の混沌感がまた良い。レイモンド・チャンドラーのハードボイルド小説「ロング・グッドバイ」で、クールな主人公マーロウが、珈琲にバーボンを垂らす描写は、ただ格好良い。

珈琲を一つの材料と捉えて、その良さを使って味を組みたてることは、珈琲が好きな人にとっても、さらに魅力が深まるものでしょう。ここでも前述の組み合わせのこつは応用できます。濃さや香りの質を意識しながら作ってみると、新しい美味しさが見つかるかもしれません。

カフェ・オ・レ

疲れている日などはたっぷりの牛乳を使った
カフェ・オ・レに砂糖を入れて飲むことがある。
温めた牛乳に濃いデミタス珈琲と合わせれば
まとまりのある味わいに。
寒い日の夜などはラム酒も加えて愉しむのがなお良し。

レシピ

豆——エチオピア・ハラール
精選——ナチュラル
焙煎——フルシティ（深煎り）
粉量——30g［50g］
抽出量——50cc［100cc］
抽出時間目安——2分［3分］
湯温——90〜95℃

・牛乳90cc［180cc］

1 牛乳をミルクパンに入れて弱火で火にかける
2 珈琲をデミタス抽出する
3 カップに珈琲と温めた牛乳を注ぐ

カフェ・オ・レを作る上で大切なのは濃厚な珈琲を使うこと。あっさりした珈琲を使って牛乳と割ってしまうと、水っぽくなり腑抜けた味になってしまう。珈琲豆は深煎りを使って湯温も高くし、珈琲らしい苦味をぎゅっと出すようにすると良い。また、牛乳を温め過ぎないことも肝要。熱くし過ぎないほうが牛乳の甘みが良く感じられる。鍋の縁にふつふつと小さな泡が立つ程度の温度で使うと良い。

ウィンナー珈琲

熱い珈琲と冷たいクリームのコントラストを愉しむアレンジ珈琲。
砂糖とラム酒を効かせることで、よりまとまりのある味わいに。

レシピ

豆――ブレンド「羚羊」
精選――ナチュラル、スマトラ式
焙煎――深煎り（フルシティ）
粉量――25g〔40g〕
抽出量――100cc〔200cc〕
抽出時間目安――2分半〔3分半〕
湯温――85～90℃

- 生クリーム適量
- ザラメ15g〔30g〕
- ラム酒適量
- チョコレート適量

1 生クリームに好みで砂糖を加え、やわらかめに泡だてておく
2 カップにザラメ砂糖とラム酒を数滴垂らしておく
3 珈琲を濃厚抽出してカップに注ぐ
4 上にクリームをのせ、好みでチョコレートを削る

日本では、珈琲の上にホイップクリームを浮かべたものを、一般的にウィンナー珈琲と呼び、古くからある喫茶店のメニューの一つ。ウィーン風の珈琲という和製英語であり、本場ウィーンではこの名の珈琲はなく、「アインシュペナー」という飲み物がそれに近い。生クリームのコクに負けないよう、珈琲も深煎りを濃厚抽出するのがこつ。

カフェ・ロワイヤル

ナポレオンが好んだといわれる
芳醇なブランデーを合わせた香りの名品。
ブランデーを染みこませた角砂糖に火をつけ、
ふわりとたつ香りを愉しんだ後、
そのシロップを液に移してゆっくり嗜む珈琲。

レシピ

豆――エチオピア・イルガチェフェ
精選――ナチュラル
焙煎――中深煎り〔シティ〕
粉量――20g〔30g〕
抽出量――120cc〔240cc〕
抽出時間目安――2分〔3分〕
湯温――90〜95℃

・角砂糖1個〔2個〕
・ブランデー適量
・ロワイヤルスプーン

1 珈琲を中庸抽出する
2 スプーンに角砂糖をのせてカップに置く
3 好みの量のブランデーを角砂糖の上からたっぷり注ぎ、染みこませ、火を灯す

珈琲は中庸抽出で濃縮感のやある味わいにする。スプーンを使わない時は、あらかじめ珈琲に砂糖を溶かしておき、ブランデーを珈琲の表面に浮くように静かに注ぎ入れてフランベする。ブランデー以外にも好みの酒を使っても良い。炎がたっているうちはそれを眺めながらブランデーの香りを愉しみ、消えたらば出来上がったシロップを沈め、ゆっくり味わうと良い。

ブランデーの華やかな香りと合わせて、やわらかく華やかな香りが特徴のイルガチェフェを使用した。蒸留酒と珈琲の好きな組み合わせを探っても面白い。

アイス珈琲

蒸し暑い日本の夏には冷たい珈琲も良いものだ。
カランカランとグラスと氷が奏でる音だけでも涼をとれる。
ぐびぐび飲むよりも、濃く淹れた珈琲を少しずつ愉しみたい。

レシピ

豆——ケニア
精選——ウォッシュド
焙煎——深煎り（フルシティ）
粉量——30g〔50g〕
抽出量——80cc〔160cc〕
抽出時間目安——2分〔3分〕
湯温——90〜95℃

・氷80g〔160g〕

1 珈琲を濃厚抽出する
2 グラスに氷をたっぷり入れる
3 一気に珈琲を注ぎ、かき混ぜて急冷させる

抽出したものをそのまま冷蔵庫で冷やすと、香りが飛び、味わいも濁ってしまう。淹れたての珈琲を急冷することで、澄んだ綺麗な味わいとなり、香りの揮散や風味の変化も最小限に抑えられる。また、氷が溶けてちょうど良い濃度となるように、濃い珈琲を抽出する。深煎りの豆を使えばドライな苦みのアイス珈琲に。酸味が残った少し浅めのもので作れば、キレの良い爽やかな味わいとなる。冷たくなると酸味は感じやすくなるので、深煎り豆以外を使う場合は、豆の量を少し減らして、酸味が尖らないようにすると良い。

アイリッシュ珈琲

寒い冬の夜にはアイリッシュ珈琲で心身ともに温まる。
滑らかな生クリーム越しにゆっくりと味わう酒入り珈琲。
ザラメが少しずつ溶け出して、変化のある味わいに。

レシピ

豆——グアテマラ
精選——ウォッシュド
焙煎——深煎り（フルシティ）
粉量——30g〔50g〕
抽出量——70cc〔140cc〕
抽出時間目安——2分〔3分〕
湯温——90～95℃

・生クリーム25g〔50g〕
・ザラメ10g〔20g〕
・アイリッシュウイスキー30cc〔60cc〕

1 生クリームをやわらかめに泡だてておく
2 珈琲を抽出する（濃厚抽出よりもさらに濃く）
3 耐熱グラスに珈琲とザラメを入れて軽くかき混ぜる（溶かしきらない）
4 アイリッシュウイスキーを注ぎ、その上にクリームをのせる

アイルランド、ダブリン発祥のカクテル。一九四〇年代に燃料補給のために多くの飛行機が寄港していたアイルランドで、乗客に温まってもらうように考案されたのが由来。生いたちの通り、冬の寒い日の夜に飲みたくなる。珈琲豆をたっぷり使った濃厚な珈琲を淹れ、力強いウイスキーの風味に負けないようにする。また、好みでチョコレートを削ったり、シナモンやバニラなどの香りづけをしたりするのも良い。

アイリッシュウイスキーの代わりに、アイリッシュミストを使うと、女性的で、より華やかな印象に。他にもスコッチ・ウイスキーを使った「ゲーリック珈琲」、カルヴァドスを使った「ノルマンディー珈琲」など、バリエーションも様々。

アフォガート

珈琲に溺れる。
冷たいバニラアイスクリームに濃いデミタス珈琲を。

レシピ

豆――エチオピア・ハラール
精選――ナチュラル
焙煎――深煎り（フルシティ）
粉量――30g〔50g〕
抽出量――50cc〔100cc〕
抽出時間目安――2分〔3分〕
湯温――85〜90℃

・バニラアイス適量

1 珈琲をデミタス抽出する
2 カップに盛りつけたバニラアイスに上から珈琲を注ぐ

アフォガート（affogato）とはイタリア語で「溺れた（アイスクリーム）」の意味。冷凍庫にバニラアイスが余っている時は、少し手間をかけて濃厚な珈琲を注いだアフォガートを。ナッツやカカオニブなどを振りかけると食感のアクセントになって良い。冷たい珈琲を使用してバニラアイスをあまり溶かさず、コーヒーフロートじみたものを作っても美味しく愉しめる。バニラアイスの濃厚な風味に負けぬよう、珈琲もデミタス抽出を。

珈琲ゼリー

ふと珈琲ゼリーを食べたくなることがある。香り高い珈琲を固めてしまうのには少し後ろめたさがあるが、ほろ苦く、つるんとした喉越しと涼感が癖になる。

レシピ

豆――エチオピア・イルガチェフェ
精選――ナチュラル
焙煎――フルシティ（深煎り）
粉量――30g〔50g〕
抽出量――80cc〔160cc〕
抽出時間目安――2分〔3分〕
湯温――90〜95℃

・グラニュー糖5.5g〔11g〕
・粉ゼラチン1.5g〔3.0g〕
・ラム酒適量
・生クリーム25cc〔50cc〕
・グラニュー糖（クリーム用）1.5g〔3.0g〕

1 ゼラチンは少量の水でふやかしておく

2 サーバーにゼラチン、砂糖、ラム酒を入れ、その上から珈琲を抽出し、軽く混ぜて冷蔵庫で半日固める

3 生クリームに砂糖を加え、やわらかく泡だてて上から注ぐ

香りを愉しむ珈琲を固めてしまうことに抵抗を感じるのだけれども、たくさん珈琲があまってしまった時はゼリーにすることがある。硬くなりすぎると香りの出方も弱くなるので、私はゆるく、儚い食感に仕上げている。ブラックでも良いけれど、砂糖を入れてデザートとして愉しむことが多い。ラム酒の香りのほのかなアクセントが全体を上品に引き締める。グラニュー糖の代わりに黒糖を少し多めに使って甘めにしても美味。

「有難うございました。」

お客様にいただくその言葉に、どれだけ救われ、支えられてきたことでしょうか。

「礼に始まり礼に終わる」。小学一年生の時に始め、今も続けている剣道を通して、礼を重んじる姿勢を学んでまいりました。一見無機質で忙しなく感じられる東京という都会の片隅の小さな珈琲店で、互いを敬い合う仕事ができている幸せ、そして、珈琲、喫茶を通して、自分自身の心を正し、成長の機会をいただいていること、珈琲屋冥利につきます。

人間だから、様々な地位や名声、他人の評価に惑わされることもありますが、「素晴らしい」といわれるよりも、やはり「有難う」といわれる仕事を必死に続けていたいと心から思います。私にできることは多くはありませんが、珈琲を通して、皆様の何かしらのお役にたてれば、それはとても嬉しいことです。

私自身、感情の吐き出し口がない時に、いつも珈琲と喫茶の時間に助けられていたのが、珈琲の世界に入ったきっかけです。それは今も変わらず、珈琲を通して「調息」の時間を提案することが自分の仕事だと思っています。一歩引いて見た時に、「ただの珈琲」に全てを捧げている自分の脆さに恐怖を感じることがあります。しかし、店の中で珈琲を飲み、良い溜息をついているお客様を見ると、その価値はやはり、「されど珈琲」なのだと再認識することができ、改めて気が引き締まる思いとなるのです。

珈琲であれ、もしくは料理、菓子であれ、相手のために丁寧に作られた愛ある食べ物からは、美味しさはもちろん、それだけではない感情を受け取ることができます。飲み手のことを考え、意思や思想がこもった珈琲こそ美味なものでしょう。

素晴らしいと評価された珈琲が人に影響を与えるのではなく、人に何かを与えることができる珈琲こそ、素晴らしく、尊い。それは、きっと純粋なあなたらしさを含んだ珈琲にあるのだと思っています。相手を想う真面目さと美味しさを求める行為は深く繋がっているのではないでしょうか。少し珈琲の世界を深めて、あなたらしい味のある珈琲を作っていただければ、嬉しいです。

二〇一九年三月、これまで東京・鳥越で営んできた店はマンションの開発により、立ち退かなくてはならなくなってしまいました。東京オリンピック前の時代の流れ、仕方がないことです。この本を書き進めながら、店の閉店の日が近づき、ほぼ書き終えた今日が閉店前日となりました。店は移転再開するとはいえ、一つひとつの仕事の意味、有難さ、そして、珈琲の持つ役割、魅力について改めて考えさせられる日々でした。若輩者ではありますが、そんな私のフィルターを通した考えを記した本書が、皆様の真摯な、そして、愛おしい珈琲の探索のお役にたてることを願っております。

ここは私だけではなく、ここで珈琲を飲む時間を大切なものと考えていただいたお客様の場所でもあります。あの空気はもう二度と感じることができませんが、過ごしていただいた際の思い、感情など、少しでもその気配を辿ることができるよう、意図的に今の店の写真を多く使わせていただきました。少し趣旨から逸れてしまう我儘、お許しください。

最後に、本の出版にあたり、珈琲のこと、仕事のことについて、いつも多くの学びを下さる諸先輩方、多大なお力添えをいただいた、生産国の旅もともにした写真家の鈴木静華氏、デザイナーの芝晶子氏、担当編集の益田光氏、応援してくれる家族、先輩、友人の皆様に、心より感謝いたします。

また、思うがまま自由に行動してしまう自分を、嫌な顔せず後押しし、ともに走り、店を守ってくれる従業員には頭が下がる思いです。有難うございます。そして、いつも私を支えてくださる店のお客様に、改めて深く御礼申し上げます。

平成三十一年三月十一日

蕪木祐介

蕪木祐介

かぶき・ゆうすけ　珈琲焙煎士、チョコレート技師。福島県生まれ。東京・台東区、珈琲店『蕪木』店主。岩手・盛岡、珈琲店『羅針盤』運営。
http://kabukiyusuke.com

珈琲の表現

二〇一九年四月二五日　初版第一刷発行
二〇二五年五月五日　第五刷発行

著者　蕪木祐介
発行者　安在美佐緒
発行所　雷鳥社

〒一六七－〇〇四三
東京都杉並区上荻二－四－一二
電話――〇三－五三〇三－九七六六
ファックス――〇三－五三〇三－九五六七
メール――info@raichosha.co.jp
ホームページ――http://www.raichosha.co.jp
郵便振替――〇〇一一〇－九－九七〇八六

イラスト　土屋裕介／58・59・60・61・92頁
写真　鈴木静華、蕪木祐介／55・69・70・71頁
デザイン　芝 晶子（文京図案室）
印刷・製本　シナノ印刷株式会社
編集　益田 光

ISBN 978-4-8441-3746-7 C0077